版权维权
研究与实务

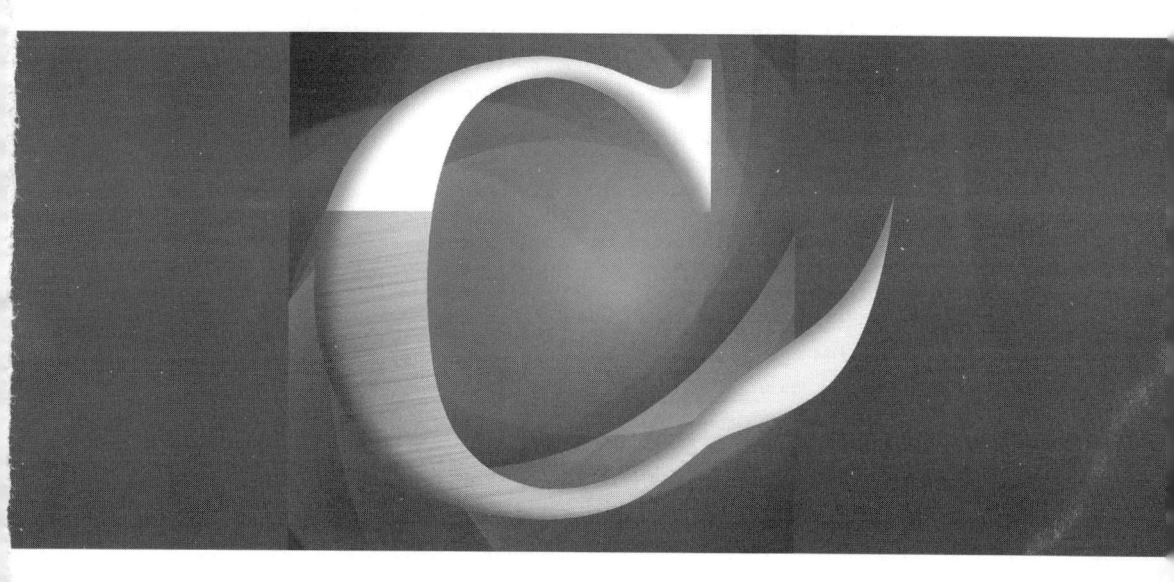

国家版权贸易基地（越秀）
广州市华南版权贸易股份有限公司　编著

知识产权出版社
全国百佳图书出版单位

图书在版编目（CIP）数据

版权维权研究与实务／国家版权贸易基地（越秀），广州市华南版权贸易股份有限公司编著. —北京：知识产权出版社，2017.12

ISBN 978-7-5130-5401-0

Ⅰ.①版… Ⅱ.①国… ②广… Ⅲ.①版权—研究—中国 Ⅳ.①D923.414

中国版本图书馆 CIP 数据核字（2018）第 007091 号

内容提要

本书旨在通过对版权理论和案例的研究，从版权维权理论、版权侵权预防、版权维权途径等方面结合时代发展新趋势和知识产权产业现状进行分析，每章均集合了当前业内权威人士具有前瞻性的独到、实用的见解，为我国版权保护体系建设出谋献策。希望本书能够向社会各界传播具有标杆效应的版权维权前沿理论，为实践提供指导，为营造风清气正的版权环境打开深入探索之路。

责任编辑：田 姝　　　　　　　　　　责任印制：刘译文

版权维权研究与实务
BANQUAN WEIQUAN YANJIU YU SHIWU

国家版权贸易基地（越秀），广州市华南版权贸易股份有限公司　编著

出版发行：知识产权出版社有限责任公司	网　　址：http://www.ipph.cn
社　　址：北京市海淀区气象路 50 号院	邮　　编：100081
责编电话：010-82000860 转 8598	责编邮箱：tianshu@cnipr.com
发行电话：010-82000860 转 8101/8102	发行传真：010-82000893/82005070/82000270
印　　刷：三河市国英印务有限公司	经　　销：各大网上书店、新华书店及相关专业书店
开　　本：710mm×1000mm 1/16	印　　张：14.25
版　　次：2017 年 12 月第 1 版	印　　次：2017 年 12 月第 1 次印刷
字　　数：220 千字	定　　价：58.00 元
ISBN 978-7-5130-5401-0	

出版权专有　侵权必究

如有印装质量问题，本社负责调换。

编委会

顾　问：于慈珂　陈春怀　任天华　吴汉东

主　编：武东兴

编　委：赵俊杰　崔　玲　邵挺杰　彭颖诗
　　　　谢嘉欣

Foreword 序 一

在知识经济和经济全球化迅速发展的今天，版权已经发展成为国家核心竞争力的一个战略资源，代表着一个国家的战略软实力。版权作为一种产业形态、战略资源，也成了国际贸易、文化交往的一个重要载体。

版权产业的灵魂与发展的原动力是创新。创新来源于哪里？来源于科技、文化、创意、金融等相关产业，这些产业要发展得枝繁叶茂，必须要从根本上夯实发展根基，提升创作者、科研者的自信与信心。而这些产业的根基都生长在版权这片土壤里。因此，切忌将版权与各产业之间的发展分割开来。

营造风清气正的版权环境是未来工作的重中之重，版权保护环境的建设刻不容缓。作为版权保护中极为核心的一环，维权将是往后一二十年，甚至更长时间，需要不断探索改革的重要任务。

正因如此，国家版权贸易基地（越秀）筹备策划本书，在当前有着相当的意义和影响力。

国家版权贸易基地（越秀）自2015年11月15日运营以来，在版权保护体系的建设工作及发展模式上，收获了许多创新的探索成果，取得了良好的成绩：

一是完善版权综合服务体系。打造"版权登记、版权交易、版权保护、版权金融"四大特色平台，促进版权权属化、资产化。

二是创新维权保障服务。打造集行政执法、司法保护、专家调解、纠纷仲裁四位一体化的维权保障体系，首创"版权维权专家委员会"。

由于同时具备了以上的探索实践过程和成果，本书更有了相当的分量和公信力。

除此以外，本书集合了多位知识产权领域专业学者、律师、权威人士的观点，对版权领域发展的前沿理论进行深入剖析，结合版权维权案例，从版权维权理论、版权侵权预防、版权维权途径等方面，发表了符合新时代趋势的分析和见解，为我国版权保护体系出谋献策，提供了许多有价值的实践指导和探索建议。

一枝独秀不是春，万紫千红春满园。

希望通过本书，能够促进行业间交流合作、互利共赢，为我国版权环境及保护体系的稳健、繁荣发展，作出贡献。

于慈珂

国家版权局版权管理司　司长

Foreword 序 二

"十三五"时期，是中国发展的重要战略机遇期，也是知识产权重要的战略发展时期。当前，国家经济已进入新常态，在创新驱动发展战略全面实施的新时势新要求下，为加强广东省知识产权强省建设，近年来，广东省知识产权保护力度持续加强，行政执法和刑事司法相衔接机制和跨部门、跨地区知识产权保护协作机制不断完善。

广东省版权局亦坚定不移以市场为导向、企业为主体、服务为基础、创新为手段、资源整合为契机、版权保护为保障、人才战略为推动力，形成体制相对完整、结构日趋合理、整体水平先进，以及经济效益良好的产业发展新格局，积极开创全省版权产业发展新局面。

但目前，广东省在版权维权方面仍面临巨大的挑战，对新技术、新模式、新业态的版权保护诉求日趋强烈。为跟上新时代发展趋势，严厉打击版权侵权行为，日臻完善广东省版权保护体系，现在正是急需发动多方力量的重要时刻。

过去两年，国家版权贸易基地（越秀）积极探索集行政执法、司法保护、专家调解、纠纷仲裁四位一体的版权维权体系，发展到今天已有一定的理论和实践成果。相信随着这本书的出版，将会为当前急需升级改革的版权产业维权体系建设注入新的思想和活力。

肃清盗版并非一蹴而就，走上全面正版化依然任重而道远。

希望通过本书，能够鼓励更多的专业力量站出来，共同携手谱写广东省版权事业新的壮丽篇章！

陈春怀

广东省新闻出版广电局（广东省版权局）　副局长

Foreword 序 三

2013年10月22日，广州市成为全国第六个、广东省第一个获得"全国版权示范城市"称号的城市。

近年来，广州市版权局全面贯彻落实国家、省、市等各级领导部门在版权产业上的发展方针和战略部署，积极探索、落实规划、抓紧发展，全面健全版权服务体系，大力营造鼓励原创的社会氛围，成功建立国家版权贸易基地（越秀），搭建版权综合服务平台，进一步推动广州市版权产业发展。

广州市版权产业不仅在整体规模上呈持续而快速的增长趋势，同时在完善版权社会服务、打造版权兴业示范基地、落实版权示范城市建设、规范版权执法监管等领域取得了显著成绩。但随着版权产业的发展，版权市场对于投资环境的评估、人才供需的平衡、执法监管的力度等方面必然会有更严格的标准和更有针对性的需求。

因此，在未来的广州市版权产业发展建设工作中，极为重要的一环就是积极推进广州市版权保护体系建设，大力支持和鼓励广州市的专业人才和队伍交流，学习版权维权方面的前沿理论和实践成果，严厉打击任何版权侵权行为，为广州市版权产业快速、稳健发展提供经久不衰的创新力、推动力以及保障力。

希望通过此书的出版，能够为广州市打造版权产业强企、强校、强所提供创新理论研究和探索成果，助力广州市版权产业发展，树立行业领先标杆形象！

任天华

广州市文化广电新闻出版局（广州市版权局）　副局长

Preface 前　言

　　我们已进入以知识产权为核心价值引领的知识经济发展新世纪、新时代。伴随着版权产业的快速发展，当前国内版权保护环境也面临着巨大的挑战，如何利用科学有效的手段进行版权维权日益重要。市面上知识产权与法律维权的书籍不计其数，但针对版权维权的书籍寥寥无几。因此，国家版权贸易基地（越秀）运营机构广州市华南版权贸易股份有限公司组织策划本书，旨在通过对版权理论和案例的研究，从版权维权理论、版权侵权预防、版权维权途径等方面结合时代新趋势进行分析，每章均集合了当前业内权威人士独到、前瞻、实用的见解，致力于为建设我国版权保护体系出谋献策，以期通过本书向社会各界传播具有标杆效应的版权维权前沿理论，提供实践指导，为营造风清气正的版权环境打开深入探索之路。

　　感谢国家版权局版权管理司司长于慈珂、广东省新闻出版广电局（广东省版权局）副局长陈春怀、广州市文化广电新闻出版局（广州市版权局）副局长任天华对基地的关心和指导，并为本书作序。感谢中南财经政法大学原校长、国家版权贸易基地（越秀）维权专家委员会名誉主任吴汉东教授为本书编写开篇之作，感谢国家版权贸易基地（越秀）管委会领导的大力支持，感谢基地维权专家委员会维权专家们的共同努力，以及所有参与本次出版工作的专家、律师、学者和工作人员。

　　谨以此书献给热爱版权产业和奋斗在版权发展之路上的中国版权人！

主编　武东兴

Contents 目录

第一篇 总论/开篇

创新发展与知识产权保护 …………………………………………… 吴汉东 / 3

第二篇 版权保护研究与侵权预防

保护促进交易　交易呈现价值 …………………………………… 武东兴 / 13
历史名著作品改编权和保护作品完整权的制度建设 …………… 李晓月 / 23
非法著作权集体管理司法认定的法源梳解 ……………………… 熊琦 / 32
著作权保护与创造力的激发 ……………………………………… 肖姗营 / 45
著作权法语境中的"创作高度"批判 …………………………… 卢海君 / 51
风险控制视阈下的版权侵权预防研究 …………………………… 首善文 / 70
公众版权意识培养与版权侵权风险预防 ………………………… 杨丽芳 / 77
文化产业无形资产评估与案例分析 ……………………………… 刁俐颐 / 84
探索中国保险行业与版权产业融合发展之路 …………………… 谢嘉欣 / 96

第三篇 版权维权途径及实践

IP 生命周期不同阶段的版权维权策略分析 ……………………… 彭颖诗 / 105
版权纠纷调解的探索与思考 ……………………………………… 韩晓永 / 113
批量维权之殇 ……………………………………………………… 马晓林 / 123

著作权的另类维权方法 ·· 徐嵩　陈静艳 / 129
计算机软件的侵权行为形式及全球保护策略 ······························ 陈赞 / 135

第四篇　版权维权实务及案例分析

动漫角色形象的著作权维权实务 ·· 屈文静 / 155
从《疯狂动物城》侵权案看动画作品的实质性相似认定 ············ 咸芳 / 168
论3D打印中的"异形复制" ·· 袁博 / 173
浅议侵害服装作品著作权保护 ······································ 赵俊杰　陈秀媚 / 181
浅谈网络游戏著作权侵权的几点问题 ································ 范晓倩 / 186
动漫产业发展中的著作权价值评估问题 ······························ 唐珺 / 191
与改编权相关的法律问题分析 ·· 崔玲 / 205

后　记 ··· 213

第一篇

总论/开篇

创新发展与知识产权保护

吴汉东[*]

当下中国是一个有世界影响力的发展中大国,也是知识产权大国,但我们还不是强国。我们保护知识产权,既是对国际公约的承诺,又是创新驱动发展的需要。

一、关于创新驱动发展与知识产权相互关系的基本认识

(一) 知识经济的基本特征是创新发展

经济与社会发展的实质,就是创新发展。我们应该从广义上来理解创新的含义,创新首先是一种制度创新,包括法律创新、政策创新、体制与机制创新。与制度创新相对应而言的是知识创新,包括科技创新、文化创新、产业创新和产品创新。

习近平总书记在 2013 年中共中央政治局第九次集体学习时有一个非常重

---

[*] 吴汉东,中南财经政法大学原校长、国家版权贸易基地(越秀)维权专家委员会名誉主任、文澜资深教授、博士生导师,现任教育部人文社科重点研究基地、国家保护知识产权工作研究基地、国家知识产权战略研究基地、国家版权局国际版权研究基地主任,兼任教育部社会科学委员会法学学部委员、中国知识产权法学研究会名誉会长、最高人民法院特约咨询专家、最高人民检察院特约咨询专家、中国国际经济贸易仲裁委员会仲裁员,为我国《国家知识产权战略纲要》实施十年评估工作总体评估专家组成员。在知识产权基础理论研究、前沿问题探索和知识产权法学教育等方面均具有突破性的影响力,为丰富和发展中国知识产权研究与事业做出了开创性贡献。2006 年 5 月在中国共产党中央政治局第三十一次集体学习上为国家领导人讲授"我国知识产权保护的法律和制度建设";2009 年、2011 年两次被评为"年度十大全国知识产权保护最具影响力人物",并于 2009 年、2011 年两度被英国《知识产权管理》(MIP)杂志评为"全球知识产权界最具影响力五十人"。

要的论断，他说全球新一轮的科技革命、产业变革与我国转变经济方式产生历史交汇。可以说，创新是一个时代大潮流，也是一个国际大趋势，更是中国发展的大战略。

从时代的发展历史来看，自18世纪60年代工业革命以来，人类创新活动在逐步加深和推进。从18世纪中叶到19世纪中叶，是第一次科技革命，这是蒸汽机与钢铁的时代。第二次科技革命发生在19世纪70年代到20世纪初，是一个电器、化学与汽车的时代。从20世纪50年代到80年代，是新技术革命时代；自20世纪80年代到21世纪初，我们正经历全球范围内的知识革命，以信息技术和基因技术为代表。21世纪第二个10年以来，由于传感技术、通信技术和大数据储存、处理技术的普及使用，人类社会开始步入人工智能时代。我们将处于一种"万物皆互联、无处不计算"的环境当中，精准地生活、生产和工作。因此，我们所处的是一个创新的时代。

从世界发展变革的环境来看，创新发展已然成为许多国家包括发达国家和新兴工业化国家的共同追求。在2016年杭州举行的G20峰会，中国政府提出创新增长方式，得到各国的热烈响应。在2017年汉堡举行的G20峰会，经贸主题提出要改变世界经济发展的颓势，提升经济增长的能力，加强创新发展的投入。在新一轮的科技革命和第四次产业变革当中，我们可以看到这样一种情景：无论是美、日、欧这些发达的经济体，还是中、俄、印这些新型经济体，都在发动本国、本地区的科技革命，抢占产业创新高地，包括新一代信息技术、清洁能源、生物工程、智能制造等。因此，我们面对的是一个创新的世界。

从本土经济社会发展的场景来看，中国在发展动力、发展方式、发展质量等方面都有了新的战略要求、战略目标。党的十八大以来，先后提出创新推动发展、经济发展新方式、供给侧改革、新发展理念，这些都贯穿了创新发展。

（二）创新发展的核心制度是知识产权

中央领导在很多场合讲到创新的重要作用。创新是一个民族不懈进步的灵魂，一个没有创新的民族，是没有希望的民族。今天我要强调的观点是，保护创新是一个现代国家的基本法律制度，一个不保护创新的国家，是一个没有未来的国家。中国正面临着新一轮的对外开放，中国的商品、技术和资本，要走向世界。不但要走出去，同时还要走上去，要走上国际制造业的高端。走出去、走上去都离不开知识产权。与20世纪80年代、90年代初不一样，中国已经是世界第三对外投资大国，我们海外直接投资达1000亿美元，企业并购500亿美元。我们在实施创新发展与对外开放的同时，要注重知识产权制度。

（1）知识产权是国家经贸体制的标配。国际经贸体制，包括贸易规则、投资规则，理所当然包括知识产权保护规则。美国总统特朗普上任后就把《跨太平洋战略经济伙伴关系协定》作废了，但在全球贸易当中，美国维护其核心利益的立场不会改变。2017年，美国又把中国列为知识产权保护不力的重点观察国家。无论哪一位美国总统上台，美国保护知识产权的国际立场都不会改变。在世界贸易组织（简称"世贸组织"，WTO）的框架之下，知识产权控制了大约价值1万亿美元的有形货物贸易和无形服务贸易。所以说，我们走出去也罢，走不出去也好，都不要忘记知识产权的国际法律秩序，不要忘记用知识产权为中国的企业保驾护航。

（2）知识产权保护是本土创新发展的刚需。过去我们保护知识产权是因为国际社会的压力，今天更多是出于本土创新发展的需要。党的十八大以来，三中、四中全会，讲了国家治理的现代化和法治化问题。知识产权保护，既是国家法治化建设的重要工作，也是知识产权强国建设的重要构成。因为知识产权承载着促进知识创新，推动国家创新发展的重要政策功能，知识产权法可以成为创新之法、产业发展之法。

二、知识产权保护的基本态势

知识产权是一个年轻的法律制度，保护的是非物质性的知识技术和信息。它是近代商品经济和科学技术发展的产物，从产生发展到今天不到400年。知识产权从国内法走向国际法，成为国际经贸体系的重要组成部分，是以

1883年的《保护工业产权巴黎公约》、1886年的《保护文学和艺术作品伯尔尼公约》为标志。换句话说,知识产权国际保护到今天不到150年。

在目前的国际保护当中,有三个体制和机制在发挥作用。

1. 世界贸易组织的知识产权保护体制

WTO的《与贸易有关的知识产权协定》规定了多边争端解决机制。凡是WTO的缔约方发生了知识产权争端的,首先双边磋商,磋商不成请专家斡旋,斡旋不成请仲裁小组仲裁,最后对仲裁不服可以提交世贸组织的最高机构,进行终局裁定。一旦作出裁定必须执行,否则会遭致贸易报复和贸易制裁。中国在2001年加入世贸组织之后,美国把中国告上世界贸易组织多达四次。

2. 双边和多边自贸协议的知识产权保护机制

WTO成立以后,成员方绕开世界贸易组织,签订双边、多边的贸易协议,提出更高标准,更为严格的知识产权条款的,比比皆是。这种双边和多边贸易协定有200多个。美、日领衔的12个环太平洋国家签署的TPP——《跨太平洋战略经济伙伴关系协议》,剑指中国。尽管TPP被特朗普终止了,但还有RCEP,这是东盟十国与中、日、韩、澳、新、印"10+6"的《区域全面经济伙伴关系协议》,其中也有知识产权条款。如何在多边协定里注入中国元素,产生中国影响,非常重要。我们不能总是一个国际保护规则的追随者,而应该成为一个制定者,拥有话语权,这一点非常重要。

3. 单边制裁机制

美国利用政治强权、经济强势、科技强力,把保护知识产权的主张通过国际公约变为国际规则,此外还往往通过国内法,对其他国家及其企业施加压力。在这里有三个最为重要的单边制裁措施。

(1)"特别301"条款调查,专门针对作为美国贸易伙伴的国家。美国20世纪70年代的《1974年贸易法》,有一个"特别301"条款,授权美国的贸易代表,每年要对全球与美国有贸易往来的国家进行调查。凡是不保护、不完全保护、不充分保护美国知识产权的国家,分别列为重点国家、重点观察国家和观察国家,如果一年之内不改变现状,美国就对它实行贸易报复,对进口到美国的商品实行高关税。1992年中美发生知识产权冲突，美国把中国作为重点国家，征收产品关税，涉及105种产品，高达15亿美元。美国指责中国保护知识产权水平低，没有参加国际公约，而且还不保护商业秘密。后来我国与美国签署了中美谅解备忘录，促进了我国当时《专利法》《商标法》的全面修订，促进了中国参加著作权国际条约。

中国加入世贸组织后，美国又先后四次把中国设为重点观察国家和观察国家，说明美国政府对中国知识产权保护现状十分不满。

（2）337调查，专门针对外国企业。美国《1930年关税法》第337节规定，授权美国贸易代表对进入美国市场的企业发起调查，如果有侵犯知识产权，比如贸易假冒、盗版的产品，有权力进行扣押，实行市场准入限制。从2000年一直到2012年，中国企业受到337调查最多，涉及160多家企业，败诉率高达62%。

（3）恶名市场调查。从2012年起，美国贸易代表办公室每年对全球的电商平台和实体商品市场进行调查，凡是销售侵犯知识产权的产品，都要进入黑名单。包括阿里巴巴、百度、北京的秀水、浙江的义乌、深圳的罗湖都先后进入到恶名市场名单。

两次世界大战以来，局部战争、地区战争接连不断，但更多的是没有硝烟的战争，诸如粮食战争、石油战争、货币战争、贸易战争和最近几年愈演愈烈的信息战争，再就是我们今天所讲到的知识产权竞争。

接下来，我们谈谈国内保护现状。

党的十八大以来，中央提出国家治理现代化和法治化。有了好制度，并且进行有效的实施，推动现代化、法治化治理，才能够使我们基业永固、长盛不衰，我们应该把知识产权放在国家治理的高度来认识。

2008年，国家颁布并实施《国家知识产权战略纲要》，当时提出四大战略："创造、管理、保护和运用"。十八大报告又提出，加强知识产权运用和保护，突出了新时期国家战略实施的重点，非常具有针对性和现实意义。知识产权运用是创新发展的基本目标。法律授予的权利自身不能产生效益，只有将知识产权所保护的知识、技术、信息投入到运用转化之中，才能转化为有用生产力。

我在这里也谈谈"微笑曲线"。微笑曲线理论是著名企业家台湾宏碁集团创始人施振荣 1992 年提出来的。宏碁的微笑曲线变成了产业战略发展理论，与当前整个创新发展大趋势不谋而合。跨国公司和发达国家的产生，注重于两端：一个是微笑曲线的上端，就是创新研发；另一端的上扬是品牌营销。关注微笑曲线的时候要注意这样一个基本原则，微笑嘴唇的两端都有知识产权，一端是专利、版权，另一端是商标、商号。这两端的知识产权都能够产生附加值，而底端嘴角是生产资料和劳动力的结合，很少产生附加值。有了专利、版权，企业和产业就拥有了产品开发的主动权；有了品牌、商标，就掌握了商品和服务的定价权，最后形成对市场的合法控制权，知识产权的重要性就在这里。

以上讲的是知识产权运用是创新发展目标。接下来的问题是，知识产权保护是创新发展的基本保障。知识产权是制度文明的典范，没有知识产权就没有创新发展，它的制度功能主要表现在三个方面：一个是对创新成果进行知识产权界定，提供激励机制；二是对创新产业进行资源配置，营造产权交易环境；三是对创新活动进行法律保护，维系市场秩序。

三、解读中国知识产权保护的基本理念

当下中国是一个有世界影响力的发展大国，也是首屈一指的知识产权大国，但我们还不是强国。我们保护知识产权，既是对国际公约的承诺，又是创新驱动发展的需要。

（一）平等保护

知识产权国际公约，有三大原则。首先就是国民待遇原则，要基于外国国民与本国国民同等待遇。2014 年，李克强总理在会见世界知识产权组织总干事高锐时指出，中国政府对中外企业和各类主体的创新成果一视同仁、同等保护。在知识产权保护规则方面，没有中外国籍之分，没有公私性质之别，

也没有大小类型之序，在法律上一律平等保护，实行国民待遇原则，表明了中国保护知识产权的国际立场。

（二）分类保护

知识产权是一个非常庞大的制度体系，归类复杂，种类多样。其中涵盖了七个方面，那就是版权、专利、商标、商业机密、植物新品种、地理标记、半导体芯片，分别跨文化、科技、贸易等不同领域。在法律规定的范围内，有区别地适用保护策略、保护方法和保护思路非常有必要。

文化领域的知识产权——著作权。保护著作权，就是强调保护作品的独创性，其重点是打击盗版。中国互联网产业发展非常迅速，网络文学、网络视频、网络音乐、网络动漫、网络游戏、网络社交平台非常发达，但是互联网产业与版权产业往往发生冲突。在这种情况下，我们要注意大力打击网络侵权。著作权的保护问题，主要涉及网络侵权问题，这是我们的保护重点。

科技领域的知识产权——专利权。专利权保护的是技术的先进性。一般专利要坚持授权范围的法律保护，注重首创发明专利的严格保护。

营销领域的知识产权——商标权。商标权是保护标记的可区别性，重点是规范驰名商标的使用，打击假冒名牌的行为。

（三）协调保护

作为现代法治国家，应该强调良法善治，多元共治，建立一个具有中国特色和世界水平的现代化的治理体系和保护体制，要形成一个司法裁判、行政执法、专业仲裁、行业自律、企业自治的大保护格局。

（四）加强救济，强化威慑

WTO 的知识产权协议要求所有缔约方对知识产权的法律救济，要注意它的及时性、有效性、威慑性。一句话，要严格保护，这是所有缔约方应承担的义务。

第二篇

版权保护研究与侵权预防

保护促进交易　交易呈现价值

武东兴[*]

一、中国版权产业发展现状

(一) 版权产业发展十年

2015 年，是"十二五"的收官之年，是中国版权产业行业增加值突破 5 万亿元的重要里程碑。

2016 年，是"十三五"的开局之年，是中国版权产业元年。

2017 年，是十九大召开的重要时期，是知识产权发展迈上新台阶的一年。

2018 年年初，中国新闻出版研究院发布了"2016 年中国版权产业经济贡献"的调研结果。调研显示：2016 年中国版权产业的行业增加值为 54551.46 亿元人民币，占 GDP 的比重为 7.33%，比上年提高 0.03 个百分点。[❶]

这个数字意味着，过去"版权产业发展十年"间，中国版权产业行业增加值从 2006 年的 13489.44 亿元增至 2016 年的 54551.46 亿元，对 GDP 贡献的比重从 6.39%增至 7.33%，总体提高了 0.94 个百分点。

中国版权产业快速发展，版权已经成为我国重要战略资源和国际竞争力的核心要素，其产业结构也在不断地优化升级，在推动供给侧改革及经济发展中发挥着越来越重要的作用。

---

[*] 广州市华南版权贸易股份有限公司副董事长兼总经理。

[❶] 数据来源：http://www.ncac.gov.cn/chinacopyright/contents/518/356688.html。

诚然，中国版权产业正在稳健发展，但与版权产业活跃、发达的国家相比，我国版权产业仍处于探索发展阶段，与美、英、日等国家存在较大差距，备受"平台缺失""体系不健全"等问题的困扰，严重阻碍了中国版权产业的发展。

(二) 未来版权产业发展趋势

"十九大"以后，伴随着供给侧改革、品牌消费时代的来临，以及人民日益增长的高质量需求，不难预见有价值的强内容将快速地输出到人们生活的各个方面。大众已经从物质消费时代，进入到了文化精神消费时代。

而在文化消费中，诸如音乐、影视、文学等，它们都有版权。互联网、大数据等的发展，将使潜藏在版权中巨大的商业价值被发现、被挖掘，从而带动版权产业的传播、交易与孵化呈爆炸性增长。

可以说，未来是"全民版权"的时代，也是发展"版权商业化"的新经济时代。

但伴随着发展，一些"劣质产物"也会出现，像一双无形的手，牢牢地扼住进步的脖颈。如过去的"山寨"和盗版，到现代新技术的侵权。

基于此，本文通过分析中国版权产业发展存在的问题，结合国家版权贸易基地（越秀）的探索经验，总结归纳出一套符合新时代、新趋势的实践成果和先进发展模式。

二、中国版权产业存在问题

当前，版权作为知识产权的重要组成部分，它的内涵已经变得非常丰富，"知识产权之手"已延伸到经济、社会乃至政治等各个领域，知识产权的价值已得到大众的认可，但中国的版权产业仍面临着如下七个问题：

(一) 版权侵权现象严重

讲到版权侵权，人们会滔滔不绝。因为时代在发展，侵权在进步。

过去，在改革开放以后很长一段时间，发展经济是主旋律。为尽快缩小与国际间的的差距，"拿来主义"成了社会上缄口不提而又约定成俗的"捷径"，从而使得中国至今未能摘掉"山寨"这个国际标签，并且在往后的一二十年内，这一头衔仍可能继续套牢中国版权产业的发展。

现在，传统意义上的盗版侵权少了。随着互联网、新技术的发展，新型的侵权行为高端了，也"人性化"了，更符合一些群体的需求。具体表现在侵权形式的改变、交易方式的革新，以及不完全"复制"等。

虽然近几年来，对无孔不入的版权侵权行为，国家知识产权局、国家版权局等有关部门组织了多次专项行动，大力打击知识产权侵权行为，并取得了良好成效，但侵权现象泛滥已给中国制造业、创意产业带来了沉重打击，很大程度上削弱了中国版权产业在世界舞台上的竞争力。

（二）版权产业链条单一、不健全

版权产业活跃、发达的国家均有相同的共同点，其一就是拥有健全的版权产业链条，从版权登记、交易、孵化、金融服务、保护等多方面，全方位拓宽了文化创意的发展空间和盈利渠道。

目前，我国各行业之间仍存在较明显的分界，如影视、音乐、文学等文化创意作品几乎为一次性盈利，少有版权的衍生、孵化、再创作，对大量优质的版权资源造成浪费。

综上，版权产业链条单一、不健全的问题可总结为以下三个方面：

（1）版权产业授权商业模式断层；

（2）跨界、跨行业资源融合不足；

（3）版权资产的运营管理能力较低。

（三）缺乏版权产业人才可持续发展观

分析我国版权产业存在的问题，其根本原因是我国对于版权领域的专业人才供需不对等，且当前版权产业的从业人员专业素质良莠不齐，社会缺乏对版权产业人才需求重要性的重视。

中国急需建立完善的人才培养机制，加快步伐，结合高校力量，组建版权领域专业人才队伍，加大版权相关法律的普及力度，推出服务于版权的实用性课程，拓宽版权产业的发展渠道，用科学的办法和手段，对版权产业链进行有效的管理，才能在较大程度上解放版权产业生产力。

（四）版权数字化发展与政策、法律、管理、保护之间的矛盾

版权数字化发展是最近几年热度不减的话题，在互联网、大数据及社会经济、知识经济腾飞的时代，版权数字化的快速进步不可避免地与现行的政策、法律产生了矛盾，且滞后的管理与保护手段也制约了版权数字化的发展。这些问题均是近年来不断被再实践、再探索的核心问题。这把利与弊的"双刃剑"矛头直指创作者与经营者，掣肘着版权市场的运作。

如何在版权数字化大环境下，挖掘真正有价值、有影响力的资源，正确的运用管理、孵化提升，有效地遏制版权侵权行为，降低风险，做到交易与保护并驾齐驱，同时通过政策、法律的修订，以及新技术、手段的进步，利用科学的管理与保护办法为版权数字化发展保驾护航，这将会是未来几年，甚至更长一段时间内被反复实践与探索的发展之路。

（五）IP品牌化创新能力不足

当前，以习近平同志为核心的党中央把创新摆在国家发展全局的核心位置，深入实施创新驱动发展战略，着力形成以创新为主要引领和支撑的经济体系和发展模式，强调创新是引领发展的第一动力。然而，从"中国制造"到"中国创造"，打造"中国品牌"，道阻且长。因为，创造远比制造难，而品牌，需要大量的"创造"去支撑实现。

举例：时下，中国珠宝行业正面临产品同质化的趋势与威胁，即没有形成独有的品牌特色。

世界十大珠宝品牌之一——卡地亚，以"螺丝钉"的设计走红欧洲；蒂芙尼，以一把"钥匙"，开启了国际市场。为什么这些被人们形容为五金店贩卖的物料，能够坐上世界珠宝行业前排的宝座？

因为它们是智力成果的体现、是艺术赋予源于生活的创作一种新的形式与涵义。因为别具特色，所以成就了现在独一无二的品牌形象。当它们从意识形象跃然纸上，从设计图纸经过雕琢锤炼变成实物，又因为时代的发展，被世人所认识、推崇、购买，这就是一个作品从一个 IP 走向品牌化的过程。

（六）版权金融化之路的困境

要使版权实现商用化价值，创造更大的收益和获取更多的资源支撑，则必须推动版权产业的权属化、资产化、金融化和证券化。而版权金融化的"常青藤"是和具有公信力、权威、健全的评估体系息息相关、紧密结合的。因为无形资产具有非标性、匹配难、确价难、风险高等特性，要发展知识产权资产的质押贷款、众筹融资、融资租赁、版权保险以及版权基金等金融行为，需要完善评估体制，同时引入大数据等科学技术，做到知识产权评估有数据可依，可以多维度监测，逐步降低人工评估的干扰因素，建立生态、科学、公开、公正、公平、权威的无形资产评估标准体系，减少评估成本与风险。

（七）缺少长期的、公开的、具有公信力的交易平台

缺少长期的、公开的、具有公信力的交易平台，是造成我国版权资产交易困难且大量版权资产"闲置"的主要因素。如何建立符合社会要求且满足大众需求的交易平台，应首先满足以下基本要素：

（1）大存量的版权资产数据库；

（2）可以独立完成供需匹配的大数据检索平台；

（3）具有高素质的专业版权经纪人。

其次，要发展版权产业，创作需要创新、运用模式需要创新、孵化提升与宣传推广的形式需要创新、交易方式需要创新。

综上，如何利用当前的国家政策、市场环境，释放版权产业巨大潜能，发挥版权对文化乃至国民经济发展的重要作用，是当前亟须研究和实践的问题。

三、国家版权贸易基地（越秀）在版权维权保护方面的探索与实践

（一）以优化版权保护体系为抓手，完善版权综合服务平台

国家版权贸易基地（越秀）（本文以下简称"基地"）是2014年2月17日由国家版权局批准设立，于2014年5月28日正式挂牌成立的华南地区唯一的国家级版权贸易基地。

2016年，基地以"保护促进交易，交易呈现价值"为建设理念，以打造国家级版权综合服务平台为中心目标，建成集"版权登记""版权交易""版权保护""版权金融"四位一体的版权综合服务平台，打造集版权登记、认证、代理、价值评估以及各类版权金融服务于一体的"一站式"服务体系，拉伸和深化了版权产业链，较好地解决了过去版权产业链短小、缺失的问题。

一是先登记先预防。基地联合中国版权保护中心、广州市版权保护中心，设立专门服务窗口共同提供作品著作权登记、广州市著作权登记资助等公共服务。2015年11月份至2017年12月份，基地版权登记量年累计达43200件，版权资助达49525件，促进版权权属化，登记数据在省、市、区内遥遥领先。

二是以授代打，以打促授，打授结合。基地为有效推进版权产业的发展，积极整合集调解、仲裁、行政执法、司法保护四方维权调解资源，打造四位一体化维权保障体系。率先提出"以授代打"（以授权行为打击侵权盗版）、"以打促授"（以打击侵权促进授权）、"打授结合"（打击侵权和合理授权同时进行）的发展思想，通过扩大版权作品的社会影响力及关注度，鼓励作者以传播的方式保留原创作品证据，且进一步促进版权作品的衍生孵化和再创作，创造更优厚的版权价值。同时，基地首创以知识产权专业律师及学术专家为核心，由吴汉东教授领衔的"版权维权专家委员会"和"版权经纪人体系"两大体系，组建了华南首支专业版权经纪队伍，推动版权服务工作专业化、一体化、优质化，聚合四方力量的版权维权体系已基本建设完成。

未来，基地还将与中国（广东）自由贸易试验区珠海横琴新区片区知识产权快速维权援助中心以及中国广州花都（皮革皮具）知识产权快速维权中

心，联合打造华南知识产权快速维权中心，建立知识产权保护新高地。

图 1　国家版权贸易基地（越秀）版权维权专家委员会

说明：（1）由中南财经政法大学吴汉东教授、华东政法大学王迁教授领衔的维权专家委员会，为华南地区构建一体化、优质化、便利化的版权保护服务。

（2）目前已有 23 家律师事务所通过了基地考核认证成为基地授权法律服务机构。

（3）目前已有超过 500 名专业律师成为委员会委员。

三是以创新服务促交易。基地联合行业领军金融机构，采用先进金融工具和科学技术手段，与专业团队共同开发符合版权产业需要的金融产品和服务模式，对版权资产、版权项目、版权产业、版权企业运营提供金融支持。

目前，基地已通过整合内部资源，加强外部合作，推出"时间戳""版权保""原仓数字备案"等多样产品服务，鼓励创作者维权，较大程度地解决了当前互联网版权侵权泛滥、维权困难、维权费用高等问题。

四是以资源集聚助开发。基地以"基地+园区+企业"为发展模式，集聚知识产权、文化创意、展会策划、互联网+大数据等专业资源，以大数据构建版权产业链，促进产业集结和完善服务链条，并采取双轮双向驱动战略，引进领先的互联网技术，联合专业机构建立社交型的专业中心贸易平台，充分带动知识产权资源和资本的集聚，促使 IP 从静态向动态转化，打破不同品牌行业之间的壁垒，形成集 IP 生产和分发、IP 产品和 IP 服务、销售渠道和资本筹措为一体的专业版权资源生态平台。

同时，基地以通过制定规范的交易流程，提供专业配套的园区服务、专业的版权评估、经纪和维权等中间服务，营造安全活跃的交易环境，实现自助化版权资产管理和版权交易，真正实现版权贸易规模化、资产化、证券化、产业化。

（二）落实可持续人才发展战略，打造版权人才新高地

1. 培养版权经纪人才，开展版权经纪人培训班

活跃的版权经纪人体系是推动版权交易和版权保护的重要基础，通过发挥利用版权经纪人自身专业知识、创意能力及社会资源，为版权交易双方解决市场信息不对称、供求信息不交流等问题，挖掘优质版权资源，活跃版权交易市场，以交易呈现版权的最大价值。

基地目前共成功举办了 13 期版权经纪人培训班，其中在广州举办了 12 期，湖南 1 期，共培训接近 400 名行业人士，已有 167 名学员在培训合格后签约成为版权经纪会员，形成专业版权经纪队伍。

2. 开展版权知识及保护的研究工作

为更好地服务产业，培育市场的版权意识，基地自主研发了版权资产管理、版权经纪业务实务、认识身边的版权、版权与法等多种课程及教材，专门为社会各届提供专业、高效的版权知识培训。

基地也主动和专业机构合作，共同推进版权保护理论研究工作。比如基地与人民网共建"全媒体版权保护研究中心"，与广大法研会合作建立"版权法律研究基地"，以及筹备建立的"版权专家智库"和产学研基地。

3. 专业园区和线上平台助推人才聚集、资源共建共享

基地通过国家版权贸易基地（越秀）东方文德园区与国家商标品牌创新创业（广州）基地流花展贸中心园区的融合发展，将知识产权企业聚集在一

起，实现园区内人才聚集资源共建共享，打造以知识产权为核心的特色园区。同时，也能促进知识产权产业间的紧密联系，推动知识产权快速维权的发展。

4. 打造 CIPO——首席知识产权官高端培训课程

随着知识经济的快速发展，创新成果不断涌现市场，如何挖掘、提升企业的知识产权价值，且发挥其最大功用，将会是未来各行各业争相探索的问题。

但是，知识产权体系错综复杂、结构庞大，过去能力单一的运营管理和法务人员，将无法解决多维度的知识产权运营、决策、保护等问题。因此，企业亟需一名核心领导团队成员或高级执行官，在确保企业合法管理运营知识产权的同时，更要保护企业权益不受侵害。

CIPO——首席知识产权官应运而生。

因此，基地计划推出满足 CIPO 综合能力与素质需求的实用性培训课程。一方面，基地希望规范知识产权管理者的行业标准，打造 CIPO 的专业标杆形象，强调知识产权无形资产保护与运用的重要性，为企业和行业组织培养优秀的 CIPO，提升企业和行业组织在知识产权的管理能力；另一方面，基地希望建立以知识产权为核心价值的品牌体系，这是时代的趋势，也是进一步扩大知识产权人才队伍的关键举措。

（三）加大版权宣传力度，提升全民版权意识

1. 开展常态性的版权普法工作

基地积极与各地政府部门及行业协会合作，定期举行这对社会各行业的版权普及课程和公益讲座，助推版权普及工作的发展，成效显著。

2017 年 1—8 月，基地已成功举办了岭南知识产权沙龙、版权保护进高校、文化艺术版权业务培训等专业培训 6 场，参与培训受众 1210 人；2017 版权宣传周"绿书签寄语"特别行动暨普及推广活动 1 场，参与人数逾千人；创意与版权交流会、广东省振兴传统工艺计划研讨会、"广州将建成城市电影之都"研讨会暨行业座谈会 3 场；文化艺术项目推介会（版画专场）、ELBM 中外动漫游戏品牌对接授权会、中国·东亚版权创意精品展示交易会、2017 首届熊猫国际论坛暨版权项目展示交流会、国家版权贸易基地（越秀）音乐

影视版权贸易中心国际交易会暨项目推介会 5 场；政府资金补贴暨新四板挂牌交流会暨跨行业交流会 2 场；信用大讲堂——"一带一路"与信用建设交流会暨跨国交流会 1 场。

2. 承接国内外优质展会

基地积极参与各类行业活动，通过与行业展会活动合作，为广大权利人和产业机构提供深入、落地的版权保护服务。成功案例包括：（1）主办 2016 年中国创新创业成果交易会版权成果展；（2）承办第六届中国国际版权博览会越秀分会场；（3）代表广州市组团参加第三节东亚版交会；（4）举行 2017 版权宣传周活动等。

四、结语

综上，在国家、省、市、区多方领导的指导与支持下，基地发展至今，较充分地发挥了版权产业的战略发展地位，以实践经验与前沿理论为基石，发挥基地平台的资源优势，为企业提供版权登记、版权维权、版权评估、版权交易等服务咨询，提升各创新主体对版权的运用、保护、交易、管理等多方面的认识与能力。

但发展创新与改革并非一蹴而就，因此，基地策划出版《版权维权研究与实务》，集结国家版权贸易基地（越秀）维权专家委员会雄厚的知产力量，以及汇聚多位律师、学者、法官等知识产权领域专业人士共同编撰。其意义在于总结了过往发展经验，成就了一套具有基地特色的集理论和实践价值的版权产业发展模式。

九层之台，起于累土。

未来，基地将继续深入调研学习，促进行业交流合作，加速 IP 人才队伍建设，日臻完善版权综合服务体系建设，打造国内一流、具有公信力和权威性的版权交易平台，打破不同品牌行业之间的壁垒，形成版权产业集群，建立一套具有标杆效应且可复制、可借鉴的产业发展模式，实现版权产业规模化、品牌化、平台化的共赢发展，成就了行业领军地位！

历史名著作品改编权和保护作品完整权的制度建设

李晓月[*]

一、著作权中的人身权

我国《著作权法》第 10 条规定的著作人身权包括四项权利：发表权、署名权、修改权和保护作品完整权。

发表权是指作者在生前决定是否将作品公之于众的权利。有的学者认为，发表权不应当属于人身权，因为人身权是不可转让的权利，并且对人身权的保护没有时间期限的限制。而发表权则不具备这两个要素，发表权可以转让，并且还有时间限制。

署名权是指表明作者身份，在作品上署名的权利。此处所讲的作者身份权应当是指作者基于其创作行为而产生的要求他人承认其对作品的创作资格的一种权利。

修改权是指修改或者授权他人修改作品的权利。

保护作品完整权是指保护作品不受歪曲、篡改的权利。

在作者对作品享有的这四项人身权中，发表权具有人身权和财产权的双

---

[*] 李晓月：律师，河北悦宾律师事务所主任，中国知识产权维权联盟网首席法务主管，河北省律协知识产权委员会委员，唐山市律知产委副主任，国家版权贸易基地（越秀）维权专家委员会委员，唐山市法学会民商法学研究会秘书长，唐山市知识产权局专家库成员等职务。业务领域：知识产权。主要论文有：《律师联盟对知识产权保护的机制建设与价值定位》《网络环境中对著作权的保护与合理使用制度探索》《论公共资源商标保护与合理利用》等。

重属性，并且有期限限制，即作者有生之年和死亡后 50 年，超过该期限后，该作品的发表权不再受法律保护。而作品的署名权、修改权和保护作品完整权，则没有保护期限限制，永久性受法律保护。

二、已故作者著作修改权和保护作品完整权的保护主体

我国《著作权法实施条例》第 15 条规定：作者死亡后，其著作权中的署名权、修改权和保护作品完整权由作者的继承人或者受遗赠人保护。著作权无人继承又无人受遗赠的，其署名权、修改权和保护作品完整权由著作权行政管理部门保护。

根据该条规定，在作者死亡后，其作品人身权保护主体有以下三类：

（一）继承人

继承人是指依法有权继承被继承人财产的人，分为法定继承人和遗嘱继承人。

法定继承人是指按照法律规定的继承人范围、继承人顺序、有权继承被继承人的遗产的人。包括：配偶、子女、父母、兄弟姐妹、祖父母与外祖父母；孙子女与外孙子女；有抚养关系的继父母与继子女；丧偶的儿媳与公婆、女婿与岳父母之间存在着抚养关系的人。另外，胎儿因其身份的特殊性，在分割遗产时，应当保留胎儿的份额，因此，胎儿也是继承人。

遗嘱继承人，是指按照立遗嘱人生前依照法律规定的方式，对其遗产或其他进行个人处分，在立遗嘱人死亡时遗嘱发生法律效力，依照该生效遗嘱享有继承遗嘱权的人。

此外，根据我国《著作权法》第 19 条第 2 款的规定，法人、其他组织和国家也可以成为著作权的继受主体，但是，一般不将其称为继承人。

（二）受遗赠人

受遗赠人是指按照遗嘱人生前依照法律规定的方式，在立遗嘱人死亡后，

依照生效的遗嘱有权取得立遗嘱人遗产或其他权利的人。在法学界，对于遗嘱继承人与受遗赠人之间的区分，一般认为遗嘱继承人一般属于法定继承人范围之内的人员，受遗赠人则一般不是法定继承范围之内的人员，并且国家、法人及其他组织也可以成为受遗赠人。

(三) 著作权行政管理部门

著作权行政管理部门是指国家依法设立的政府职能部门。我国著作权行政管理部门是国家版权局，主管全国的著作权管理工作。

在这三类主体中，有继承人或受遗赠人的，著作权行政管理部门不行使该保护权。在没有继承人或受遗赠人时，才由著作权行政管理部门行使对该作品的署名权、修改权和保护作品完整权的保护权。

依照《著作权法实施条例》第15条规定，授予继承人、受遗赠人以及著作权行政管理部门所享有的权利是行使对作品的署名权、修改权和保护作品完整权进行保护的权利，而不是对已故作者对作品的署名权、修改权和保护作品完整权的继承或享有。因此，针对作品的署名权、修改权和保护作品完整权，其保护权人只有保护的权利，而不得处分已故作者对作品的署名权、修改权和保护作品完整权。

三、保护已故作者对作品的修改权和保护作品完整权应遵循的原则

一部好的作品，尤其是传世佳作，所描述的历史人物、事件等，一定在社会上有着非常重要的影响力，有些作品甚至影响很多代人，如《黄帝内经》《山海经》《史记》《本草纲目》以及中国古典四大名著等，它们或者在医学方面依然被奉为经典，或者仍为史学家研究古代的历史文化提供可靠的事实依据，这些作品至今仍然是国之瑰宝。对已故作者作品人身权的保护权，是法律授予继承人、受遗赠人或者著作权行政管理部门的一项权利，同时，也是一项法定义务和责任。权利可以放弃，但是义务是不能放弃的。现在是科技飞速发展的时代，为了将这些好的作品利用现代化的各种方式进行传播，

就必然会对这些作品进行一定程度的修改或情节删减。但是，无论将已故作者的作品用什么样的方式进行传播，都应尊重已故作者对作品的署名权、修改权和保护作品完整权。在保护已故作者对作品的修改权和保护作品完整权时，应遵循以下原则。

（一）不偏离作品原意的原则

不偏离作品愿意，是指在采用不同方式传播已故作者的作品时，要保持原作品中的事实、人物形象、故事的情节，不得随意改变、增加新的故事情节或人物，偏离原作品的中心思想。

（二）合理利用原则

著作权合理利（使）用，是各国著作权制度中对著作权限制的一种主要制度，它是指在一定的条件下使用受著作权法保护的作品，可以不经著作权人的许可，也不必向其支付报酬的一种制度。它是国家通过法律强制力，对个人利益进行一定程度限制，保障社会公共利益得以实现的强制手段。

合理利（使）用一般适用于对作品的财产权方面。而针对已故作者作品的修改权和保护作品完整权，同样也需要按照合理利（使）用的原则。此处的合理使用，其目的应当是为了采用新的传播方式来传播原作品。

四、我国当前对历史名著改编权与保护作品完整权的侵权现状

当前我国在历史名著改编权与保护作品完整权方面存在的问题以下方面：改变作者的原著本意，改变不同于改编。改编是不脱离原作者的本意，而改变则偏离了原作者创作该作品的原意。如电视剧《水浒传》对原著的生辰纲章节改变，将官逼民反，"反映当时朝廷官员腐败、官府吏治黑暗、盘剥欺压百姓、社会民不聊生"的社会现状，简单地改写成："电视剧反映出来的不是'官逼民反'，反而说把老百姓逼得没有饭吃的不是官府，而是以王伦为首的当时盘踞在梁山上的好汉们，把反抗压迫的群众斗争要求简单地变成了拦路

抢劫、养家糊口的强盗行为。"❶ 以及对原作人物形象在改变后作品中的展现，明显偏离了原著作者对这些人物的描述，如大话西游中故事情节的添加以及对孙悟空形象的改变等。这样的改变，虽然增加了故事的趣味性，但是严重偏离了原著作者的本意，歪曲了原著所体现的主旨思想及人物性格。由于改变后的作品偏离了原著作者的主题思想，造成大众对原著人物形象及原著内容的误解。尤其是对没有读过原著的人来说，影响更大。

五、我国当前著作人身权保护方面存在的缺陷

著作权法从立法之初，所保护的重点就是著作权权利人的财产权。我国第一部有关著作权的法律是 1910 年清政府颁布的《大清著作权律》，"该法令的立足点是放在维护作者及其他权利人的经济权利方面，并没有强调对作者精神权利的保护"❷。我国现行的保护作者人身权的法律依据主要体现在《著作权法》第 10 条，该条规定著作权中的人身权包括：（1）发表权，即决定作品是否公之于众的权利；（2）署名权，即表明作者身份，在作品上署名的权利；（3）修改权，即修改或者授权他人修改作品的权利；（4）保护作品完整权，即保护作品不受歪曲、篡改的权利。明确将作者对作品的人身权利排列到财产权前面。第 20 条规定："作者的署名权、修改权、保护作品完整权的保护期不受限制。"即作者对作品的署名权、修改权、保护作品完整权，是永久性保护，没有期限限制。同时，第 47 条规定："有下列侵权行为的，应当根据情况，承担停止侵害、消除影响、赔礼道歉、赔偿损失等民事责任：（一）未经著作权人许可，发表其作品的；（二）未经合作作者许可，将与他人合作创作的作品当作自己单独创作的作品发表的；（三）没有参加创作，为谋取个人名利，在他人作品上署名的；（四）歪曲、篡改他人作品的。"明确了侵害作者对作品人身权的侵权责任。同时《著作权法实施条例》第 15 条规

---

❶ 孙金杰. 改编与改变　解读与误读——试论《水浒传》的电视剧改编[EB/OL]. [2016-10-06]. http://wenku.baidu.com/view/ee23394c2b160b4e767fcf7b.html.

❷ 吴汉东. 知识产权法[M]. 北京：北京大学出版社，2003：13.

定:"作者死亡后,其著作权中的署名权、修改权和保护作品完整权由作者的继承人或者受遗赠人保护。著作权无人继承又无人受遗赠的,其署名权、修改权和保护作品完整权由著作权行政管理部门保护。"但是这些规定,并没有能够充分保护已故作者对作品的人身权。当前的立法不足之处主要体现在以下几个方面。

(一) 对已故作者作品署名权、修改权和保护作品完整权的保护主体,不够具体明确

根据我国著作权法的规定,作者对作品的修改权和保护作品完整权是不能被继承的,作者死亡后,继承人和国家著作权行政管理部门所取得的只是对该作品进行保护的权利。我国著作权法在对作品"修改权"和"保护作品完整权"的制度设计上,是将其作为两个相对独立的权利种类而单列开来的。有学者已经认为"作品完整权同修改权有密切联系"[1]。有的学者认为:"修改权与保护作品完整权实际上是一项权利的两个方面,从正面讲,作者有权修改自己的作品;从反面讲,作者有权禁止他人修改、增删或歪曲自己的作品。"[2]"保护作品完整权和修改权在概念的内涵和外延上没有太大的区别。"[3]笔者对此观点较为认同。

作品的修改权,是指修改或者授权他人修改作品的权利。该权利只能由作者本人或者取得作者授权后才能行使。作者死亡后,所有的权利保护人没有权利允许任何人对作品行使修改权,只有保护的责任,从而导致在作者死亡后,任何对已故作者的作品的修改都是违法的,是侵害已故作者的人身权的行为。

但是如何保护已故作者的著作修改权,法律上没有明确,造成在现实中无法具体执行。在权利保护主体方面,《著作权法实施条例》第15条规定:"作者死亡后,其著作权中的署名权、修改权和保护作品完整权由作者的继承人或受遗赠人保护。著作权无人继承又无人受遗赠的,其署名权、修改权和保护作

---

[1] 刘春田. 知识产权法 [M]. 2版. 北京:高等教育出版社,北京大学出版社,2002:65.
[2] 郑成思. 知识产权法 [M]. 2版. 北京:法律出版社,2003:319-320.
[3] 任燕. 论我国著作人身权利制度的完善 [J]. 河南财经大学学报,2012 (5):95.

品完整权由著作权行政管理部门保护。"可见，我国在对已故作者作品的署名权、修改权和保护作品完整权的保护方面，主要有著作权的继承人或受遗赠人来行使保护权，政府保护是补充性保护。有些作品年代久远，其著作权继承人或受遗赠人的主体身份很难界定，一种情况是：该作品的著作权有没有继承人；另一种情况是：无法确定谁是该作品著作权的继承人。在权利人没有确定的情况下，著作权行政管理部门则无权对已故作者作品的署名权、修改权和保护作品完整权进行保护，从而导致没有权利人能够行使保护权。

（二）保护机构设置不完善

《著作权法实施条例》第15条第2款规定："著作权无人继承又无人受遗赠的，其署名权、修改权和保护作品完整权由著作权行政管理部门保护。"为了保护已故作者作品的署名权、修改权和保护作品完整权不受侵害，在已故作者没有继承人或受遗赠人的情况下，法律规定由国家著作权行政管理部门行使保护权。

我国著作权行政管理部门为国家版权局，但是在该部门的职能部门职责分工中，没有明确由哪个部门来负责对已故作者作品的署名权、修改权和保护作品完整权的保护。从1990年9月7日我国《著作权法》出台至今，已有20多年，针对已故作者作品的人身权机构的设置问题，却迟迟没有解决，无法使用国家公权力来保护已故作者作品的署名权、修改权和保护作品完整权。

（三）对已故作者作品修改权和保护作品完整权的保护措施及侵权责任，没有相应的具体法律规定

保护已故作者作品的署名权、修改权和保护作品完整权，不应是绝对禁止任何人对该作品进行改编或在制作成影视作品时对故事情节进行剪辑。笔者认为，只有在修改或改编后的作品明显与原著思想不相符的情况下，保护权人或国家著作权行政管理部门才有权予以制止。我国《著作权法》第47~49条，规定了侵害著作权行为的种类与相应的侵权责任，但是没有规定对侵害已故作者作品修改权和保护作品完整权的侵权责任。侵权人在侵害已故作

者作品修改权和保护作品完整权后,承担什么样的法律责任,没有予以明确,致使保护已故作者作品修改权和保护作品完整权成为没有实质内容的法律规定。

六、我国当前著作人身权保护方面需要完善的内容

一个民族的发展历程,也是该民族文化的发展历程,民族文化的发展过程,同样也是民族文化的传承过程。任何一部好的作品,都离不开前辈们留下的知识和经验,都是在前辈们的思想基础上形成的。在前辈作品的基础上来创作新的作品,是历史文化发展的需要。一部好的作品,其社会价值是无法估量的,比如,《西游记》中的孙悟空,在作者的笔下就是正义的化身。孙悟空的正义形象,影响了无数人。如此好的传世佳作还有许多。在当今科技飞速发展的时代,将深受世人喜爱的古典名著,在不偏离原作者思想的情况下,将其改编后,采用现代化科技手段将其制作成影视、动漫等作品,向社会公众进行传播,并不违背民族文化发展与传承的宗旨,反而更能弘扬民族文化与民族精神。但是,如果仅为了利用古典名著在社会上的影响力与大众的好奇心,对原著进行改编后,其内容明显与原著产生分歧,对有些人物或事件的描述完全歪曲了已故作者的思想,同时也产生了严重的不良社会影响。因此,合理保护已故作者作品的修改权和作品完整权对民族文化传承同样具有非常深远的重要意义。

(一) 确定对已故作者作品署名权、修改权和保护作品完整权的具体管理部门

保护已故作者作品的署名权、修改权和保护作品完整权需要以国家公权力来完成,《著作权法实施条例》虽然规定由著作权行政管理部门负责,但是由该部门的哪个单位来负责具体保护事务,没有予以落实。因此应当将保护责任落实到具体单位,包括行业协会是否有权接受著作权行政管理部门的指定或授权代为行使维权职责,并明确具体的职责范围。

（二）明确保护权的具体权限

对已故作者作品的署名权、修改权和保护作品完整权的保护，《著作权法实施条例》第 15 条只规定了继承人、受遗赠人及著作权行政管理部门的保护权的享有人，没有将保护人享有哪些权利予以明确。笔者认为应当明确继承人、受遗赠人及著作权行政管理部门所享有的保护权的具体权利与责任。

（三）设立切实可行的侵权责任制度

对侵害已故作者作品的署名权、修改权和保护作品完整权的行为，根据侵权行为的方式及侵权程度不同，追究什么样的法律责任，需要立法机关予以明确，以便保护权人和司法机关在具体案件中有法可依。

（四）界定继承人或受遗赠人对已故作者作品的署名权、修改权和保护作品完整权保护人的范围和期限

继承人或受遗赠人在取得对已故作者作品的署名权、修改权和保护作品完整权的保护权后，在该继承人或受遗赠人死亡后，该继承人或受遗赠人所享有的保护权继续由其继承人继承还是消灭，如果该权利允许一代接一代的继承，那么众多保护权人对保护权的意见不一致如何处理，以及保护权人的身份如何确定等都没有法律规定。因此，应当对继承人或受遗赠人对已故作者作品的署名权、修改权和保护作品完整权保护人的范围和期限，通过立法予以完善。

七、结论

保护已故作者作品的修改权及作品完整权，不单纯是对作者个人人身权的保护，同时也是对正确传播历史文化、民族文化的保护。建立一套科学的保护已故作者作品人身权的法律体系，对发展和传播我国传统民族文化将具有巨大的推动作用。因此，针对当前随意改编已故作者作品的行为，需要国家从立法层面予以重视，建立并完善相关的法律制度，以保护已故作者的作品内容不被随意改编和篡改。

非法著作权集体管理司法认定的法源梳解*

熊琦**

一、问题的提出

版权产业的繁荣，对本土著作权交易机制的效率提出了越来越高的要求，无论是权利人还是使用者，都希望著作权许可制度能够将权利变动的交易成本降至最低，既能够帮助权利人减少因许可交易成本导致的作品价值减损，又可以帮助使用者能够便捷地接触和获取作品。在文字作品和音乐作品等需要完成大规模许可的著作权市场，许可机制效率的高低直接关系到该领域著作权市场的完善程度。然而实践中我国的著作权集体管理组织，未能向权利人和使用者提供其所期望的许可渠道。权利人不断抱怨无法从集体管理组织那里获得合理版税，并质疑集体管理组织的管理费标准，却始终无法改变上述现状。❶ 最终导致在《著作权法》第三次修改进程中，集体管理制度也成为矛盾最为集中的议题之一。❷ 鉴于对集体管理组织的不满意和不信任，著作权人试图选择以民事代理的方式，借助著作权代理公司来实现大规模许可和

---

* 本文系作者主持之国家社科基金项目"产业利益博弈与著作权集体管理制度变革研究"（项目编号13CFX91）的阶段性成果。原载《华东政法大学学报》2017年第5期。

** 熊琦：中国人民大学法学博士，华中科技大学法学院教授，博士生导师，院长助理，国家版权贸易基地（越秀）维权专家委员会委员。研究方向为知识产权法、网络法、民法。在《中国法学》《环球法律评论》《政法论坛》《法学》《法学家》等法学类权威刊物上发表论文四十余篇。

❶ 蓝方，任重远，刘虹桥. 解析中国式集体管理 [J]. 财新周刊, 2012 (15).
❷ 张贺. 个人著作权不能由集体管理组织任意代理 [N]. 人民日报, 2012-04-12 (12).

维权。但上述尝试却因为被法院认定为"非法著作权集体管理"而丧失合法性基础。❶ 在一系列著作权代理公司起诉作品使用者维权的案件中，不同地区和层级的法院皆以"实质行使著作权集体管理组织的相关职能和权利"为由，否认著作权代理公司有权代替著作权人行使权利，❷ 由此出现了一方面集体管理组织因缺乏广泛代表性而无法实现集中许可的规模优势，另一方面权利人又无法在可接受的交易成本范围内实现许可的两难境地，显然对未来构建高效合规的著作权大规模许可市场产生消极影响。

诚然，我国《著作权集体管理条例》（本文以下简称《条例》）的确明文规定了集体管理组织的"全国性"和"唯一性"，要求设立集体管理组织不但"不得与已经依法登记的著作权集体管理组织的业务范围交叉重合"，而且任何其他组织和个人亦不得从事著作权集体管理活动。❸ 同时在许可渠道上，法律还要求著作权人对集体管理组织的许可必须为专有许可，权利人不得在授权集体管理组织后再自行许可。❹ 这意味着著作权人不但只能向该领域唯一的集体管理组织授权，而且在授权后丧失了自行行使权利的可能。但如果著作权人拒绝授权集体管理组织，转而以代理、委托或其他方式授权著作权代理公司行使权利，那么在何种条件下该代理公司的行为应被视为非法集体管理而加以禁止，著作权法和其他法律并无规定。因此在现行法律框架下，普通民事授权管理与著作权制度下的集体管理有何本质区别，著作权人除授权给集体管理组织之外是否别无其他实现大规模许可的渠道，不仅仅只是上述"非法集体管理案"引发的争议，更关乎我国著作权市场

---

❶ 胡姝阳. 非法著作权集体管理被叫停 [N]. 中国知识产权报，2016-01-27（9）.

❷ 相关判决参见深圳市声影网络科技有限公司诉无锡市侨声娱乐有限公司案，（2015）苏知民终字第 100 号；深圳市声影网络科技有限公司诉无锡欢唱娱乐有限公司案，（2015）苏知民终字第 235 号；深圳市声影网络科技有限公司诉南京荣鼎餐饮管理有限公司案，（2016）苏民申 420 号。其中深圳市声影网络科技有限公司诉无锡市侨声娱乐有限公司案还被媒体视为我国"非法集体管理第一案"，中国音像著作权协会的负责人认为，法院的上述判决对维护我国著作权集体管理组织的合法性，净化著作权集体管理环境，促进我国著作权集体管理的发展具有重要意义。参见胡姝阳. 非法著作权集体管理被叫停 [N]. 中国知识产权报，2016-01-27（9）.

❸ 参见《著作权集体管理条例》（2013）第 6 条、第 7 条第 2 款。

❹ 参见《著作权集体管理条例》（2013）第 20 条。

的未来发展态势。

从现有一系列"非法集体管理案"判决看,法院在认定非法集体管理的同时,并未说明非法集体管理与民事代理是否有区别以及如何区别。其原因,在于我国《著作权法》和《条例》皆未告知集体管理行为的法律属性,不但著作权人在未授权集体管理组织时,授权他人代理的行为在何种程度上与集体管理相冲突难以定性,著作权人在授权集体管理组织后能否保留部分作品或权利自行行使,亦成为互联网商业模式下越来越受关注的问题。有鉴于此,在基于现行法律无法通过文义解释界定非法集体管理的情况下,通过梳理现行法律在集体管理和民事代理上的冲突,从私法原理和体系解释出发明确以下两个问题,以期为非法集体管理的认定梳理出可供遵循的判定标准。首先,我国《著作权法》和《条例》中规定集体管理行为构成要件究竟是什么。其次,在著作权人不授权集体管理组织的情况下,著作权代理公司在何种程度上能够代理著作权人行使权利。上述两个问题的答案不但关系到解释非法集体管理与许可渠道竞争之间的法律边界划分,还涉及对集体管理制度立法价值的回溯与回应,最终为我国现行法律解释提供可行的路径。

二、集体管理行为法律属性认定

非法集体管理的司法认定之所以存在争议,主要原因在于既有判决中的司法逻辑缺陷,而司法逻辑推理的问题,则需要追溯到现行立法中对集体管理行为法律属性界定的不明。从近年来的一系列涉及非法集体管理的判决来看,各地区和各层级法院的认定方式极为相似,即都不约而同地认为,著作权许可合同约定对相关使用者进行收费并提起诉讼的行为,实质上是在行使著作权集体管理组织的相关职能和权利,违反了《条例》关于除著作权集体管理组织,任何组织和个人不得从事著作权集体管理活动的禁止性规定,由此得出维权者不具有诉讼资格的结论。❶ 根据《条例》第 6 条的规定，任何组织和个人的确不得从事著作权集体管理活动，这意味着已存在的著作权集体管理组织在该领域内具有合法的垄断性地位，如其主体资格不被消灭，他人在法律上已无创设新集体管理组织的可能。但集体管理组织的唯一性，并不能直接等同为大规模许可渠道的唯一性，从现行法律来看，也并未要求将集体管理行为作为唯一的大规模许可模式。法院直接将"收费和诉讼"认定为《条例》第 2 条的集体管理行为，显然是将所有的大规模许可都纳入集体管理的范畴内，所以在法教义学上仍存在诸多值得推敲之处。❷

根据《条例》第 2 条的规定，我国法律对集体管理行为的定义，采取了概括加不完全列举集体管理行为类型的方法。首先，第 2 条所认定的集体管理行为，被概括为以集体管理组织自己的名义集中行使多数著作权人的权利，这意味着集体管理行为乃集中行使多数著作权的行为。其次，在上述概括式的定义外，《条例》随后不完全列举了三类具体的权利行使行为：（1）向使用者收取使用费；（2）向权利人转付使用费；（3）进行涉及著作权或者与著作权有关的权利的诉讼和仲裁。换言之，在《条例》的语境中，使用费的收取和转付使用费以及进行诉讼和仲裁都属于行使权利的表现方式。

然而，何谓"行使权利"，由于《条例》和《著作权法》都没有加以明确定义，造成实践中这一概念在被用于解释集体管理行为的法律性质时出现了重大争议，法院从条文表面的文义直接认定为非法集体管理，就是因为立法上的规定过于模糊。现有对集体管理行为何以特殊的认识，主要存在以下

---

❶ 相关判决参见相关判决参见深圳市声影网络科技有限公司诉无锡市侨声娱乐有限公司案，（2015）苏知民终字第 100 号；深圳市声影网络科技有限公司诉无锡欢唱娱乐有限公司案，（2015）苏知民终字第 235 号；深圳市声影网络科技有限公司诉南京荣鼎餐饮管理有限公司案，（2016）苏民申 420 号；深圳菜之鸟唱片有限公司诉桐乡市梧桐金乐迪娱乐有限公司案，（2016）浙 0483 民初 05242 号。所有判决书在结论部分的表述几乎完全相同，皆以原告维权行为与《著作权集体管理条例》第 2 条和第 6 条相冲突为由驳回原告诉讼请求。

❷ 声影网络诉欢唱娱乐一案曾被声影公司上诉到了最高人民法院，最后最高人民法院以授权合同的效力存疑为依据认同了二审法院驳回上诉的合法性，但同时回避了非法集体管理的认定问题，使得这一问题的争议延续至今。参见深圳市声影网络科技有限公司诉无锡欢唱娱乐有限公司案，（2016）最高法民申 1699 号。

两种观点：第一种观点认为，集体管理行为的特殊性来源于著作权人授权性质的特殊。我国最高人民法院曾认为集体管理行为乃建立在信托的基础之上，因而集体管理组织在权利的行使上不同于民事代理而拥有很大的自由度。❶虽然最高人民法院如今已不再认同这一定位，但我国部分集体管理组织仍然坚持这一看法，中国文字著作权协会的《文字作品著作权集体管理合同》(2010) 第2条第1款即规定著作权人应以信托的方式向著作权集体管理组织独家授权❷，中国音乐著作权协会拟定的《音乐著作权合同》也同样要求著作权人以信托的方式将包括处分权在内的权能授予集体管理组织❸。第二观点认为，集体管理区别于一般民事授权行为之处，在于集体管理组织是以自己的名义行使权利，而民事代理则要求代理人以权利人的名义主张权利。❹但对于究竟如何定性集体管理，该观点亦并无进一步阐述。由此可以发现，自《条例》颁布至今，集体管理行为的法律性质始终没有定论，实践中则多类推适用信托合同或委托合同制度来构建著作权人与集体管理组织之间的法律关系，致使集体管理组织以外的主体在能否接受著作权人的授权委托，以及著作权人能否将作品的不同权利分别授权给集体管理组织和其他主体这两个问题存在争议。随着近年来版权产业的繁荣，大规模许可带来的经济收益迅速

---

❶ 参见《最高人民法院民事审判庭关于中国音乐著作权协会与音乐著作权人之间几个法律问题的复函》（法民〔1993〕35号）。不过该司法解释已于2013年被废止，因此集体管理行为究竟基于何种法律性质的授权再次成为悬而未决的问题。参见《最高人民法院关于废止1980年1月1日至1997年6月30日期间发布的部分司法解释和司法解释性质文件（第九批）的决定》（法释〔2013〕2号）。在司法解释废止后，法院在审判中亦没有认同相关当事人将著作权人授权集体管理组织的行为视为信托的请求。参见广州网易计算机系统有限公司诉吴颂令案，(2016) 粤73民终1132号。

❷ 在影视著作权领域，集体管理组织甚至已经可以延伸性管理非会员作品。例如我国《电影作品著作权集体管理使用费转付办法》（国家版权局公告2010年第1号）第5条已对非会员管理费做出明确规定：非会员电影作品使用费按实收使用费提取15%作为管理费，高于会员作品的10%，说明中国电影著作权协会自认为有权代表非会员收取版税。

❸ 参见广州网易计算机系统有限公司诉吴颂令案判决书中对中国音乐著作权协会《音乐著作权合同》第1、2条的披露。参见广州网易计算机系统有限公司诉吴颂令案，(2016) 粤73民终1132号。

❹ 该观点来源于主导《条例》制定的国务院法制办。参见金武卫.《著作权集体管理条例》主要问题评述 [J]. 电子知识产权，2005 (2). 金武卫系主持《条例》制定的国务院法制办教科文卫司副司长。

增长，著作权人与集体管理组织就此问题的矛盾也因此公开化了。著作权人频频指责集体管理组织滥用其受到法律保护的市场支配地位，且在版税收取和分配上效率低下，而我国著作权管理机关和集体管理组织则坚持认为，著作权人授权版权代理公司进行大规模许可乃扰乱市场秩序的行为。❶

由此可以发现，集体管理行为在法律属性上的争议乃源于《条例》本身规则的缺乏，《条例》在特殊化对待集体管理行为的同时，却没有设立足够的规则来应对许可中的各个方面，进而致使司法裁判难以判断非集体管理组织代理著作权人实施授权的合法性。因此，非法集体管理的司法认定，需要纳入私权的语境考察，借助私法体系内的已有规定来弥补《条例》在规则涵盖面上的不足，并从中发掘解释依据。基于体系解释可以发现，无论是使用费的收取和转付，还是著作权的诉讼和仲裁，其中都需要有集体管理组织独立的意思表示，或代理本人为意思表示，或代理本人受意思表示。因此与集体管理行为类似的制度，除了已被最高人民法院废止的信托之外，还与代理和行纪两类制度较为类似。

首先，从集体管理与代理的关系看，两者的主要差别在于集体管理组织以自己的名义行使权利，且法律行为的效果亦归属于自己。而民事代理则要求代理人以本人名义实施法律行为，且法律行为的效果直接归属本人，视同本人自为。❷ 由于集体管理组织须代表多数著作权人，且行使权利的方式为集中许可，所以不可能出现法律行为效果直接归属于各个著作权人的情况，只可能每年以有限次数的转付版税方式在权利人之间进行再分配，而不可能同时针对每个权利人进行管理，集体管理和代理的本质差异也由此彰显。既然行为的法律效果无法直接归属于每个著作权人，所以集体管理亦不得直接适用代理的规定。

---

❶ 国家版权局曾于2005年向江苏省版权局发出通知，要求后者制止本地企业从事著作权大规模许可活动。通知指出，企业的这种行为"会损害权利人的合法权益，给使用者合法使用作品造成混乱，对正在建立的我国著作权集体管理制度造成严重冲击，严重扰乱市场秩序"。参见《国家版权局关于制止未经批准从事集体管理活动的通知》，国权办〔2005〕49号。集体管理组织对待私人维权的态度可参见刘平. 著作权集体管理组织与权利人个体维权诉讼的区别及其解决途径［J］. 知识产权，2016（9）. 刘平系中国音乐著作权协会副总干事。

❷ 参见朱庆育. 民法总论［M］. 北京：北京大学出版社，2013：329.

其次，从集体管理与行纪的关系看，两者在法律关系界定和权利行使方式上具有诸多一致性存在。作为以自己名义为他人利益考虑从事商业贸易而获得报酬的行为，行纪与集体管理相同之处，在于两者都是以自己的名义实施法律行为，而且通过该法律行为所获得的财产也首先归于集体管理组织与行纪人的名下，然后再移转至原权利人所有，包括诉权在内的请求权也皆由管理人来直接行使。行纪制度的如此安排，完全符合集体管理制度中对著作权人、集体管理组织与使用者之间的法律关系设定。在代理与集体管理存在制度隔阂的情况下，《合同法》中行纪制度的相关内容可以通过类推解释成为集体管理制度的补充，行使权利则宜被界定为法律行为的行使，但应排除信托制度中所涵盖的处分行为。如此解释路径不但界定了集体管理作为私法上行纪行为的法律属性，使三方法律关系中的争议有法可依，也给非法集体管理的认定提供的法源支持。

在通过类推适用行纪来界定"行使权利"的法律属性后，还需进一步注意的另一个法源，是集体管理组织的主体特殊性。集体管理行为在与代理相区分时展现的特殊版税分配规则，来源于集体管理组织在全国范围内代表著作权人的权利的设定。集体管理作为著作权集中许可的实现方式，乃是建立在具有广泛代表性的基础上，这种广泛代表性决定了集体管理组织无法针对每个著作权人单独设定权利许可规则和版税分配机制，因此除了"条例"第2条以自己名义集中行使多数著作权人权利之外，集体管理行为构成要件的特殊性，还体现在代表对象的广泛性上。《条例》第7条对集体管理组织设立条件的规定，彰显了集体管理行为的主体性要件，即集体管理组织乃是以不少于50人的权利人发起设立的结果，且在特定业务范围内具有唯一性和全国代表性。

基于上述对集体管理行为的法源分析可知，集体管理行为可类推适用行纪的相关规定，且存在对集体管理组织主体资格的特殊要求。具体而言，集体管理从许可方法上看，应为许可法律效果直接归属于集体管理组织的行纪行为，从许可主体上看，应为由50人以上的著作权人发起设立并在特定领域具有唯一性和全国代表性的社会团体。之所以类推适用行纪合同规则，一方面是因为两者在制度功能和规制对象上具有相似性，另一方面则是可以借此引入《合同法》总则中的诸多规定，为集体管理行为的补充解释提供完整的法源体系，最终在作为特别法的《著作权法》和作为一般法的民法之间在法律适用上形成良性互补。

三、非法集体管理法律适用纠错

既然集体管理构成要件的特殊性表现于许可方法和许可主体上，那么对非法集体管理的认定，也应该考量这两个要素。然而从已有的判决来看，多数法院在非法集体管理的认定方法上，都以简单的"收费管理加上代替诉讼资格就是与集体管理实质相同"来直接认定存在非法集体管理。这种"跳跃式"的解释论断不但在论证推理上缺乏必要的法律逻辑，而且也没有正面回答著作权人能否有权寻求集体管理组织以外的主体来管理其权利。

从被认定为非法集体管理的相关案件中可以发现，著作权人与相关版权代理公司订立的合同皆有以下几个特点：第一，许可合同的专有性，即著作权人一般将其依法拥有的所有作品的复制权、放映权和广播权等以专有许可或转让的方式授予给著作权代理公司。第二，著作权代理公司皆以自己的名义向使用者收取版税或提起诉讼。❶ 针对上述两个特点，法院就依据《条例》第2条集体管理的概念和第6条集体管理组织的垄断性，直接认定著作权代理公司为非法集体管理。然而这种认定方式的缺陷，在于仅以主体资格的差异性和权利行使的相似性否定了集体管理以外的主体以自己名义行使他人著作权的合法性。《条例》第2条对集体管理行为的规定，只是简单列举了几种普通的权利行使方式，但并未对上述方式加以明确界定，因此造成了法院在适用法律上的误解。第2条中仅列举了"向使用者收取使用费"和"向权利人转付使用费"，但并未规定收取和转付的具体方式。结合第2条"集中行使有关权利"的规定，可以认为收取和转付使用费都要围绕集中行使权利来加以设定。

---

❶ 深圳市声影网络科技有限公司诉无锡市侨声娱乐有限公司案，(2015) 苏知民终字第100号；深圳菜之鸟唱片有限公司诉江门市蓬江区金华娱乐城案，(2016) 粤07民终113号。

从使用费的收取看，集体管理行为中的收取采取了概括许可的方式，即使用者通过每年向集体管理组织交付其作品使用收益的固定比例，就可以任意使用集体管理组织有权代表的所有作品。❶ 概括许可的特点，在于版税收取和分配并不随着作品数量或使用频率的变化而调整。首先是作品使用的全面性，使用者有权在一次许可后直接使用集体管理组织所代表的所有作品；其次是版税标准的统一化，版税不会随年度内作品使用数量或频率的变化而调整。申言之，概括许可之所以能够有效降低大规模著作权许可市场的交易成本，本质原因在于其在制度设计上有意忽略了作品定价标准和使用情况之间的关联性，降低了交易成本类型中因权利人和使用者分散产生的搜寻和监督成本，❷ 既让使用者以固定版税费率一次性获得所有作品的相关著作权，又在权利人之间以相对标准化的计算方式对版税加以分配，从而无需根据每一个作品的每一次使用来收取和分配版税，在避免侵权风险的同时也满足了大规模使用作品的商业需求。❸ 上述集中许可的特点，已明确说明无论是使用费的收取还是分配，都没有围绕特定作品或特定权利人为之，而是将所有作品作为整体加以统一收费，并且不考虑不同权利人之间或不同作品之间的差异。相比较而言，著作权代理公司虽然同样是以自己的名义行使权利，但无论是使用费的收取还是分配，皆是分别围绕特定著作权人而为，不同于集体管理组织的集体管理行为。这种针对个体权利人的使用费收取和分配方式，也意味着著作权代理公司难以承受在全国范围内代表多数权利人行使权利的交易成本，因而不可能满足《条例》集体管理组织的设立条件。

基于上述从概括许可的角度解释集体管理行为与著作权代理公司行纪行为的差异，可以发现我国法院一系列涉及非法集体管理的案件在适用法律上的问题，基本产生于没有将收取和分配使用费与集中行使权利相结合加以解

---

❶ 对集中许可的经典定义来自于美国纽约南区法院在 1975 年一项集体管理组织案件中的表述。

❷ 对集体管理制度功能的完整介绍，可参见美国集体管理组织 ASCAP 的主席在 2014 年美国音乐著作权许可制度修法听证会上所做的陈述。

❸ SHULL J R. Collecting collectively: ASCAP's perennial dilemma [J]. Copyright L. Symp., 1956, 7 (2): 37-38.

释。诚然，著作权代理公司并不具备《条例》中发起设立集体管理组织的要件，但仅凭主体法律资格的差异性即否定权利行使的合法性，显然忽略了集体管理行为在版税收取和分配上不同于著作权代理公司的行纪行为，进而错误地将集体管理组织作为著作权人实现大规模许可的唯一渠道，在司法层面强制排除了著作权人自行构建大规模许可渠道的可能。相反，如果能在解释上按照上文所述规则来明确区分集体管理行为和行纪行为，将概括许可中使用费收取和分配的特殊方式作为考量要件，再鉴于交易成本在客观上限制了行纪行为所能集中的著作权人范围，因此一方面使得著作权代理公司在权力集中的规模上不可能取代集体管理组织，从而避免了违反现行《条例》对特定领域集体管理组织唯一性的规定，另一方面又保证了著作权人有区别于集体管理组织的大规模许可渠道，有效防止了集体管理组织利用其市场支配地位损害权利人利益。❶

以概括许可的特殊性否定当下非法集体管理认定逻辑的可行性，还需要建立在对集体管理制度价值的重新认识上。法院对非法集体管理的不当认定，很大程度上是受到我国《著作权法》和《条例》中的管制而非自治思想的影响。长期以来，我国著作权法的立法者对著作权人现状的认知，仍然停留在将其"无维权意识、无立法话语权、无维权能力"的"三无"主体上。❷ 因此政府主导、政府监管被视为解决集体管理组织"缺乏广泛代表性"，应对"我国权利人、使用者、社会公众著作权集体管理意识淡薄，著作权集体管理组织面对的社会外部环境较差"❸ 的必要手段。根据我国立法者的逻辑，集体管理制度是一种"既保护作者的合法利益，又促进产业的健康发展，实现著作权人和作品使用者双赢"的授权机制；反之，如果著作权人坚持不"被代表"，将重新回到著作权人既无法维权、作品使用者又不能保证使用作品的合

---

❶ 事实上，《条例》以立法形式支持和维护集体管理组织市场支配地位，本身就是阻碍我国集体管理制度效率提高的主要原因。具体分析参见熊琦. 著作权集体管理制度本土价值重塑［J］. 法制与社会发展，2016（3）.

❷ 参见国家版权局. 关于《中华人民共和国著作权法》（修订草案送审稿）的说明［R］. 2012（10）.

❸ 参见汤兆志. 中国著作权集体管理法律制度的理论与实践［J］. 中国出版，2014（3）；王自强. 关于著作权人"被代表"问题的思考［N］. 中国新闻出版报，2012-04-16（04）.

法性的双重困境中，导致整个著作权市场秩序处于杂乱无章的混乱状态。❶ 上述"制度带来秩序，无制度带来混乱"的两分法认知，片面认为只要强制双方接受集体管理制度，就能直接形成著作权市场秩序。立法者的上述认识，显然就是我国《条例》要求集体管理组织在特定领域的唯一性，以及强制著作权人以专有许可方式授权集体管理组织的原因，似乎政府如果不支持集体管理制度和集体管理组织，大规模许可就无法实现。

然而，从集体管理制度的历史起源来看，其原本纯粹为私人创制的大规模许可中介机构，对著作权人而言，集体管理旨在以集中许可渠道的方式保障权利人在著作权市场获取作品收益，使权利人以集体的形式获得有利市场地位；对使用者而言，集体管理旨在让使用者一次性获得多数作品的著作权，在避免侵权风险的同时也满足了大规模使用作品的商业需求。❷ 概言之，集体管理制度在两类法律关系中的目标，是降低因权利归属分散和使用方式多元带来的高额交易成本，并减少作品在流转过程中因烦冗交易程序导致的价值损耗。随着集体管理组织聚合了越来越多的作品，其市场支配地位引发了损害权利人和使用者利益的消极后果，以政府调控方式强制加入的"抑制垄断"价值目标自此成为集体管理制度的重要组成部分，且允许和促进多元许可渠道之间的竞争一直被作为最有效的抑制手段。❸ 然而，我国集体管理制度的立法设计，却是基于一套完全不同的价值基础。我国集体管理制度的目标，始终是以立法和行政手段加强集体管理组织的市场支配力，导致在版税标准和许可类型等方面的制度设计上缺少权利人参与的渠道。根据立法者在官方渠道的表述，之所以保障集体管理组织市场支配力，原因在于通过树立集体管理组织的唯一性和垄断性，尽快解决"使用者愿意合法使用作品却找不到权利人的情况"，同时鉴于"著作权不仅仅是私权"，所以需要集

---

❶ 胡建辉. 著作权不仅仅是私权——国家版权局法制司司长王自强就著作权法修改草案热点答记者问 [N]. 法制日报, 2012-05-03（06）.

❷ 具体历史描述参见 SHULL J R. Collecting collectively: ASCAP's perennial dilemma [J]. Copyright L. Symp., 1956, 7（2）: 37-38.

❸ 在美国司法部与集体管理组织达成的和解协议中，允许著作权人保留集体管理组织之外的许可渠道一直是协议中的重要内容。

体管理组织代表权利人来要促进作品的广泛传播，使广大公众最大限度地分享这些财富。❶ 因此，在非法集体管理问题上坚持"抑制市场支配地位"的立法价值，明确区分集体管理制度中自治与强制的边界，不但是正确认识集体管理行为与行纪行为差异的前提，更是为构建高效合规的著作权市场提供合法渠道。

与此同时，著作权人也可在将作品的部分权利许可给集体管理组织后，还可以保留部分权利自行行使或授权著作权代理公司来行使。根据《条例》第20条的规定，权利人与著作权集体管理组织订立集体管理合同后，即不得在合同约定的期限内自己行使或许可他人行使合同约定的由著作权集体管理组织行使的权利。因此从文义解释出发，集体管理组织对许可渠道的垄断，仅局限于著作权人同意授权的作品类型，对于在未授权或授权时尚不存在的权利类型，著作权人即使在已经成为集体管理组织会员的前提下，也完全可以授权著作权代理公司行使。《条例》第20条的存在也同时证明，法律并未强制要求著作权人以信托的方式委托集体管理组织，著作权人与集体管理组织之间既有的信托合同，都是作为格式合同设计者的集体管理组织自行安排的结果，虽然法律亦未明确禁止不得信托，但从集体管理组织的市场支配地位来看，信托授权必然进一步增强集体管理组织的垄断性，不利于解决如今大规模许可市场许可效率低下和缺乏许可渠道竞争的问题，所以最高人民法院废止了将授权集体管理视为信托的决定，客观上显然为大规模许可渠道的多元化扫清了障碍。

四、结论

基于对《条例》第2条的体系化解释，同时通过类推行纪行为来界定集体管理的法律属性，可以发现集中行使权利应贯彻到包括"使用费收取和分配"的各款解释中，也意味着只要不存在全国范围代理和集中分配版税的情

---

❶ 官方表述参见国家版权局. 关于中华人民共和国著作权法（修改草案）的简要说明 [R]. 2012 (3)；王自强. 关于著作权人"被代表"问题的思考 [N]. 中国新闻出版报，2012-04-16 (04).

形，私人亦能接受著作权人的委托他人实施大规模许可。再根据《条例》第20条对集体管理组织许可渠道垄断的规定，著作权人不得同时行使的权利类型仅限于已授权集体管理组织的部分，对于权利人已保留的著作权，委托著作权代理公司实施大规模许可则也不属于非法集体管理范围。如此看来，法院仅以著作权代理公司基于自己名义行使权利即认定非法集体管理，在法律适用上显然有待细化和调整，同时应认识到简单基于字面解释的适用方法无法满足实践需要。

著作权保护与创造力的激发

——从"著佐权"运动与全球著作权制度改革谈起

肖姗营[*]

一、著作权制度应激励创造力

著作权，亦称版权，是指作者或其他著作权人自发对文学、艺术或科学作品所享有的各项专有权利的总称[1]。版权的起源可以追溯到16世纪英国王室以及星座法院用以控制印刷商传播不同政见言论的许可证。第一部版权法是1790年出台的《安妮法案》[2]。我国则是在1910年颁布的《大清著作权律》中采用了"著作权"的说法[3]。

在我国现行的《著作权法》中，著作权制度设立的目的被阐述为"为保护文学、艺术和科学作品作者的著作权，以及与著作权有关的权益，鼓励有益于社会主义精神文明、物质文明建设的作品的创作和传播，促进社会主义文化和科学事业的发展与繁荣"[4]。其他国家的法律也对著作权制度产生的作

---

[*] 肖姗营：律师，毕业于香港大学，现任广州好易行航空服务有限公司、广州东之星航空客货代理服务有限公司、广州市锦阳酒店管理有限公司等多家单位的法律顾问，国家版权贸易基地（越秀）维权专家委员会委员，为广东电网综合能源投资有限公司等多家单位提供过法律服务。

[1] 吴汉东. 知识产权法 [M]. 北京：法律出版社，2009：33.

[2] LI Yahong. International and comparative intellectual property: law, policy, practice [M]. Hong Kong: LexisNexis, 2005: 198.

[3] 吴汉东. 知识产权法 [M]. 北京：法律出版社，2009：34.

[4] 见《著作权法》第1条。

用有着类似的要求。例如在美国宪法授权国会制定著作权法的目的是"促进科学和有用技术进步"[1]。可以说，著作权制度向来应当是有两方面的作用的，一方面是保障创作者以及著作权有关的权益，另一方面则是应当促进文化和科学事业的发展和繁荣，亦被理解为应当维护一种公有利益，这就意味着著作权制度其实应当起一种"制衡"的作用，即制衡这两方面的利益。如果著作权制度太过严厉，则必然会对公有利益和知识的共享造成限制，甚至对创造力的激发造成不当的影响；如果著作权制度过于松散，则会对创作者的权益造成较大风险，创作者可能无法通过创作产生理想的收益。

伴随着社会的发展，特别是互联网技术的发展，所谓创作者的利益和公有利益都有了新的需求，特别是创作者对基于原有作品的再创作的需求，由此引发了"著佐权"运动对传统著作权制度的冲击，这就促使近年来著作权制度在全球范围内都开始了。

二、"著佐权"运动的兴起

当今的著作权制度似乎没有能够充分激发创造者的创造力。我们现在处于一个知识迅速传播、科技蓬勃发展的社会，由于创作者的创作更加依赖于彼此的成果，现有的著作权制度似乎在某种情况下抑制了创造力，因为著作权制度保护享有著作权的作品不被修改，不能被轻易再利用、抑或再创造，不能被更加便利地传播。这些都让某些国外学者不禁感叹："我们正处于一场著作权的战争之中。"在这场战争中，掌握着绝大多数作品著作权的大企业对抗着被他们称之为"恐怖分子"的个人使用者。于是，全球范围内掀起了一系列针对著作权制度诟病的"著佐权"运动。

20世纪中期，计算机产业的制造商曾经将商业模式定位于着重出售硬件，同时提供捆绑但免费的软件，因此，大多软件开发者或使用者都认为自己是被允许去检阅软件源代码和修改并传播软件的，但后来当这种商业模式逐渐

---

[1] 罗伯特 P 墨杰斯，彼特 S 迈乃尔，马克 A 莱姆利，等. 新技术时代的知识产权法［M］. 齐筠，张清，彭霞，等，译. 北京：中国政法大学出版社，2003：227.

转变为销售软件，从而获取软件的利益，许多软件开发者或使用者则对此表示不满[1]，因为软件开发是一项依赖于不同开发者之间协作的工作。于是，在 1983 年，理查德·斯托曼宣布了 GPL（GNU 通用公共许可证的缩写，GNU General Public License）项目的开始，之后便掀起了"著佐权"运动之一的开源运动[2]。在开源运动中，"著佐权"（Copyleft）的概念被正式提出[3]。如果说"著作权"（Copyright）的概念是为了限制他人任意使用创作物的自由："著佐权"则是为了保护这种自由而定义的概念：它允许他人任意地修改散布作品，唯其散布及修改的行为和做法，亦限定以"著佐权"的方式行之[4]。基于这一概念产生的 GPL 许可证随后被更多软件开发者使用起来，在 GPL 许可证下传播的软件除允许使用者自由使用、散布、修改之外，"著佐权"条款更要求使用者修改后的衍生作品必须要以同等的授权方式释出以回馈社会。由于软件开发者之间协作开发的模式（后来开发者可能会使用原先开发者的源代码，则必须在 GPL 许可证契约下继续传播后者的软件），很快 GPL 这种开放许可证（public license）像"病毒"一样传播开来，呈现繁荣之态。

在文化、艺术领域，则受 GPL 这类开放许可证的启发，2002 年知识共享（Creative Commons）组织颁发了一系列开放许可证，作为"著佐权"运动的一员，在"创造更加弹性、合理的模式来面对职能缺失但又更加严厉的现有著作权问题"，指在弥补现有著作权制度在维护公有利益、促进知识传播、激发创造力方面的不足。随后文化、艺术领域的"著佐权"运动亦热烈展开。

"著佐权"运动最为巧妙的一点是，它利用颁发公共许可证的方式，并未完全推翻现有的著作权制度，但它撼动了大家对原有著作权制度的认识，也给现有著作权制度造成了一定冲击。

---

[1] Free and open-source software [EB/OL]. [2017-10-22]. https://en.m.wikipedia.org/wiki/Free_and_open-source_software.

[2] Free and open-source software [EB/OL]. [2017-10-22]. https://en.m.wikipedia.org/wiki/Free_and_open-source_software.

[3] 参见 Coleman G. Code is speech: legal tinkering, expertise, and protest among free and open source software developers [J]. Cultural Anthropology, 2010, 24 (3): 420-454.

[4] 著佐权 [EB/OL]. [2017-10-22]. https://baike.baidu.com/item/著佐权/3339812?fr=aladdin.

三、"著佐权"运动对全球著作权制度改革的影响

即便在"著佐权"运动中,开放许可证的作用对创作者们的创作,甚至协作创作方式都有着极其重要的影响,特别是至今在软件开发产业都影响着许多软件开发者的 GPL 许可证。开放许可证的作用仍然是有限的,在更多情况下,未使用开放许可证让渡权利的作品则不可能被完全合法地再创造。于是一场全球范围内著作权制度的变革似乎是不可避免的了。

"著佐权"运动呼吁的是在尊重现有著作权制度的前提下,保护他人任意使用创作物的自由,即通过许可证的形式让渡部分著作权。其中,保留部分的著作权,使其能够让后来者利用现有作品进行再创造,这无疑是对创作者的创造力一种极大激励,有利于激发创造力,促进文化产业的繁荣和多样性。而响应"著佐权"运动这种呼吁,被其精神影响的著作权制度改革中,加拿大、英国、我国香港特别行政区等国家和地区的改革是比较典型的。

(一)加拿大的著作权法修改

2012 年 11 月,一项名为《著作权现代化法案》(*Copyright Modernization Act*,亦被称作 Bill C-11)在加拿大生效[1]:该项法案将教育、创作幽默讽刺作品列为对原著作权作品的合理使用(Fair Dealing),还确定了非商业用途的使用者衍生作品(User-generated Content)条款,为非商用的使用者衍生作品创造了避风港。

(二)英国的著作权法修改

英国在 2014 年对其著作权法作出的修改,条款有很多,涵盖了个人使用、教育使用等种种事项的一些补充说明,其中该项修改"允许了合理而合

---

[1] Copyright Modernization Act [EB/OL]. [2017-10-22]. https://en.m.wikipedia.org/wiki/Copyright_ Modernization_ Act.

量地使用享有著作权作品来创作幽默、讽刺作品❶"无疑是对作品的再创造提供了一种合法理由，有利于激发创造力。

（三）中国香港特别行政区的著作权修改

我国香港特别行政区也于 2015 年出台了《著作权修改法案》❷，该项法案同样列举了一些著作权例外条款，作出了合理使用制度（Fair Dealing）的规定，该项修改允许了对享有著作权作品进行幽默、讽刺的再创造，但是否可以将对作品的使用归为合理使用则是应当根据使用的目的、作品的本质、使用作品的比率、使用作品这种行为对原作品的潜在市场和作品的价值的影响这四个要素决定。

这些国家和地区的著作权制度的改革都为原作品的再创造，抑或再创造这种形式的创造力，留有一席之地，这都是对"著佐权"运动的有力回应。

四、我国从"著佐权"运动和全球著作权制度改革趋势中获取的经验

现今，我国文化产业呈现繁荣之态，利用著作权作品进行再创造的作品比比皆是：无论是我国在动漫产业中不可或缺的同人作品市场，还是音乐产业中的混音❸（remix）作品，大多都基于原有著作权作品进行再创造。但我国现有著作权制度对于合理使用的阐释仅限于《著作权法》第 22 条列举的权利，使得这一系列再创造作品处于一种灰色地带，实质上是一种对在创作行为的限制，抑制了二次创作的创造力。

无论是"著佐权"运动或全球性的著作权制度改革，当今著作权制度似

---

❶ Exceptions to copyright [EB/OL]．[2017-10-22]．https：//www.gov.uk/guidance/exceptions-to-copyright？nsukey=PAHSj8LR3dVPG0L2BP8Tl TkdCntZA14pUdZfvy9sFa4AGGHK8iJLt% 2BZw62WSwWt 6O 3dSiQBwyiPsWiTIr6 Ub RuPy0p3GxRHolzDx9jwKpJ9CqepTLsjR GX MpqzEenYewkQ% 2F4bokvOcEO0Vwiy INxh4qwnth9oaPdBVBiln buvcfWjFiZjMY18QN7% 2FV9bg8HP "Exceptions to copyright"．

❷ 见香港《Copyright (Amendment) Bill 2014》clause 19，section 19a。

❸ Remix（再混音）[EB/OL]．[2017-10-22]．https：//baike.baidu.com/item/Remix/9679041？fr=aladdin。

乎朝着一种更加开放的形式在发展，其中蕴涵着永久不变的主题：著作权应当是创作者和著作权相关权益和公有利益的制衡，否则著作权则很难起到激发创造力的作用，借鉴"著佐权"运动和国外著作权制度改革的有益经验对我国文化产业的发展非常重要。

因此，笔者认为：对于再创造作品，于立法上给予一种更加有弹性的合法理由，无疑对二次创作这种模式下的创造力是一种重要保护，鉴于此，我国著作权法不应当把二次创作排除在合理使用之外。同时，由于法律对于社会发展总带有一定的滞后性，基于我国立法传统，可以在司法解释里列明识别这种"合理使用"的要素，使得合理使用条款能够涵盖更多法律尚未预测，但实质可以被归为合理使用的行为，最终保护和继续激发创造力。

随着社会发展，著作权法绝不可能一成不变，如何顺应这种发展，创造一种更加合理的著作权制度仍然任重道远，但著作权法应当是一种制衡，是私权和公权的制衡，基于此，著作权法对创造力的保护和激发作用才不会缺失。

著作权法语境中的"创作高度"批判

卢海君[*]

一、问题的提出

创作高度并非我国著作权法中的成文法概念。在我国现行《著作权法》《著作权法实施条例》（简称《条例》）中都并未出现创作高度这一概念。[❶]《条例》对作品可版权性要件作出了明确规定，该条例第2条规定，受著作权法保护的作品被界定为"文学、艺术和科学领域内具有独创性并能以某种有形形式复制的智力成果"。可见，在我国著作权法中，作品可版权性的要件有独创性和可复制性两项，并未见创作高度的概念。虽然如此，创作高度似乎在学理和判决中较为流行。学理上通常认为创作高度这一概念源于我国著作权法对作品与制品的区分。[❷]笔者于2017年3月17日以"创作高度"为关键词在北大法宝"司法案例"数据库中进行"全文""精确"检索，共找到提及"创作高度"概念的案例127个，其中有118个案例（占比93%）要求作

---

[*] 卢海君：湖北枣阳人，法学博士，对外经济贸易大学法学院副教授，硕士生导师，北京市华尔泰律师事务所执业律师，国家版权贸易基地（越秀）维权专家委员会委员。

[❶] "以摄制电影的方法创作的作品，虽然必须要有独创性，但法律并没有规定明确的创作高度。"暴雪娱乐有限公司等诉上海游易网络科技有限公司侵害著作权纠纷案，（2014）沪一中民五（知）初字第23号。

[❷] 参见王迁. 论体育赛事现场直播画面的著作权保护——兼评"凤凰网赛事转播案"[J]. 法律科学，2016（1）.

品的可版权性要件中包含创作高度的要求❶，有 6 个案例（占比 5%）并不要求作品的可版权性要件中包含创作高度的要求❷，有 2 个案例（占比 2%）并不明确作品的可版权性要件中是否应该有创作高度的要求，还有 1 个案例涉及外观设计的可专利性。在这 127 个案例中，涉及美术作品的共有 36 件（占比 28%），涉及音乐电视的共有 23 件（占比 18%），涉及摄影作品的共计 23 件（占比 18%），涉及商标标识的共计 17 件（占比 13%），涉及单字形体设计、雕塑作品、证券投资分析报告的分别为 3 件，涉及广告词、外观设计和角色的分别为 2 件，涉及软件、春晚、教材、电路图、作品名称、体育赛事节目、图片新闻、网络游戏创作要素（视频、动画特效等）的分别为 1 件，涉及外观设计专利权要求的共计 1 件。从上述数据统计可以看出，尽管创作高度并非我国著作权成文法的概念，但在我国的司法实践中被广泛认可，但也并不是没有相反的观点。从上述案例所涉及的作品类型来看，这些作品要么以人物、实物、实景为创作原型，例如，上述案件所涉及的大多数美术作品、实用艺术作品、摄影作品、角色、雕塑作品的案件都属于此类；要么表达的量较小，例如商标标识、单字形体设计、广告词；要么属于事实作品，例如曲线走势图、证券投资分析报告；要么被认为创作空间有限，例如，体育赛事节目；要么被认为创作手法简单，例如，音乐电视。"创作高度"主要是用来否定特定种类作品的可版权性或用来区分作品与制品，在著作权法保护上进行区别对待。但其是否合理，值得研讨。

---

❶ 要求创作高度的观点通常认为："独创性中的'独'是指独立创作，源于本人，'创'是指一定水准的智力创作高度，该智力创作高度需能够体现作者独特的智力判断与选择、展示作者的个性并达到一定创作高度要求"。参见陈某某、盛某某与上海月星控股集团有限公司等著作权权属、侵权纠纷案，(2012) 沪二中民五（知）终字第 11 号。

❷ 不要求创作高度的观点通常认为："独创性并不要求作品具有相当的创作高度或是前所未有的，而应是由作者独立创作完成的。"参见白秀娥诉国家邮政局、国家邮政局邮票印制局不与其订立合同且未经其同意修改、使用其作品侵犯著作权纠纷案，北京市第一中级人民法院［2001］一中知初字第 185 号。

二、创作高度来源不明

学理中通常区分作者权体系和版权体系的立法，认为在作者权体系的著作权法中，作品受保护的条件较高，作品只有具备一定程度的创作高度时才能够受著作权法保护，例如德国；而在版权体系的版权法中，作品受保护的条件较低，作品版权保护的前提条件中并不包含创作高度的要求，例如美国。在德国著作权法的成文法中，并无创作高度（Gestaltungshoehe）这一概念。德国著作权法仅在第 2 条提到作品指的是"个人的智力创作"。❶ 虽然如此，在德国著作权法的理论著述中，有观点认为创作高度应被视为作品应受版权保护的前提条件之一❷。然而，要求特定作品必须具备创作高度才能够受著作权法保护并非德国著作权法学界的通说。❸ 事实上，德文中的"Gestaltungshoehe"对应的英文表达就是"Threshold Of Originality"，也即原创性标准。即使有人认为德国著作权法中，作品受保护需要满足"一定水平"的要求，该要求也被德国权威解读为只是"独创性"或"原创性"要求❹。部分学者将认为创作高度为德国著作权法中作品的可版权性要件❺，似乎并不太符合事实。德国著作权法中的"小硬币标准"似乎只是用来表明作品可版权性的条件非常容易满足，就跟小硬币一样厚即可❻，而并非如同有学者所言，"小硬币"标准对诸如商品说明书、表格、目录等一些特殊类型的作品采取较为宽

---

❶ 《德国著作权法与邻接权法》（2003 年）第 2 条第 2 款。

❷ 乌尔里希·聂文海姆. 作品的概念 [J]. 郑冲, 译. 著作权, 1991 (3).

❸ 在德国著作权法学者 M. 雷炳德的书籍中，有下列表述"……我们这里认为——与通说相反——对作品要求具备一定的创作水准（Gestaltungshoehe）还是有必要的。……"参见雷炳德 M. 著作权法 [M]. 张恩民, 译. 北京：法律出版社，2005：51. 从这句话的表述可以看出，德国著作权法学界的通说并不认为创作高度是作品可版权性的前提条件。

❹ 参见郑成思. 知识产权法 [M]. 2 版. 北京：法律出版社，2003：293.

❺ 参见台湾蔡明诚编印, 国际著作权法令即判决之研究 肆 德国著作权法令即判决至研究 [M]. 1996：22-29.

❻ 参见雷炳德 M. 著作权法 [M]. 张恩民, 译. 北京：法律出版社，2005：50-51.

松的创作高度,而对一般作品采取较为严格的创作高度。❶

要求作品只有具备创作高度的前提之下才能够受著作权法保护,意在防止著作权法保护的泛化似乎合理。但经研究发现,德国著作权法司法实践中利用创作高度的概念,似乎并没有缩小著作权法的保护范围。例如,德国的著作权法司法判例中,对独创性标准要求也不高,即使是地址簿、目录册、表格、使用说明书和比赛规则,也被作为作品而受保护。❷ 可见,德国著作权法的保护水平是很高的。德国著作权法理论界和判例中所发展出来的创作高度概念,唯一的用处可能就是用来区分作品与制品。例如,在德国著作权法中,既有摄影作品(属于作品,受著作权保护)的概念,又有照片(属于制品,受邻接权保护)的概念,区分作品与制品的关键,被认为是创作高度。❸ 与此相类似的,还有数据库作品与数据库。从德国著作权法有关邻接权的规定可以看出,邻接权制度主要是设立用来犒赏劳动投入与投资,例如,德国著作权法对科学版本、遗著的保护都是如此。❹ 不同于我国著作权法的是,德国著作权法所规定的邻接权在权能内容上基本等同于著作权,只不过保护期限要短于著作权。例如,德国著作权法第72条规定对"照片"的邻接权保护准用于摄影作品著作权保护的规定,只不过照片邻接权保护期限是50年,而作品版权保护的期限是作者有生之年加上死后70年。❺ 但就公共利益的保留来说,由于邻接权和著作权的权能一致,很难说50年和作者有生之年加上死后70年有何实质性区别。而我国著作权法所规定的邻接权,不只是在保护期限上低于著作权,而且保护权能方面要窄于著作权。例如,我国著作权法有关广播组织权的规定中并不涵盖信息网络传播权。❻ 而在德国著作权法中,广播组织权中是实实在在地涵盖信息网络传播权的。❼ 与德国著作权法相比,我

---

❶ 参见罗明通. 著作权法论 (I) [M]. 6版. 台北:群彦图书股份有限公司, 2009:179-180.
❷ 参见雷炳德 M. 著作权法 [M]. 张恩民, 译. 北京:法律出版社, 2005:50-51.
❸ 参见德国著作权法 [M]. 范长军, 译. 北京:知识产权出版社, 2013:112.
❹ 参见雷炳德 M. 著作权法 [M]. 张恩民, 译. 北京:法律出版社, 2005:398-399.
❺ 参见德国著作权法 [M]. 范长军, 译. 北京:知识产权出版社, 2013:112-113.
❻ 参见我国《著作权法》第45条之规定。
❼ 参见德国著作权法第87条之规定。

国著作权法对邻接权的权能进行限制实在缺乏正当性。很显然，在网络时代，信息网络传播是表达形式的重要传播渠道，否定广播组织权中包含信息网络传播权实属背道而驰。而从保护期限的角度对邻接权进行一定程度的限制，却具有相当的合理性。即便如此，通过对德国著作权法相关规定的分析可以看出，德国著作权法保护邻接权大多是保护劳动投入与投资，例如，对数据库的保护。在数据库的保护中，并不要求数据库满足所谓原创性要求，只要其中有创制该数据库时有"重大投资"即可。❶ 此种规定实质属于数据库的特殊权利保护模式。❷ 对作品中的劳动投入与投资进行保护，类似于竞争法的旨趣，并不要求作品具有原创性。由此可以看出，学界通常认为的创作高度来区分作品与制品，并非要建构一个量化的标准来区分作品创作高度的高与低，而恰恰就是考察一部作品是否具有个性，从而满足原创性标准应受版权保护的要求。因此，创作高度的含义应该等同于原创性标准。至于德国著作权法刻意区分摄影作品与照片，实在不可取，很难认为日常生活的照片不属于摄影作品。因此，德国著作权法有关摄影作品与照片的区分并不能够用来解读创作高度的概念。

三、创作高度含义不清

许多学理和案例中使用"创作高度"这一概念，但很少有对其做出解释，即使有做出解释的，其解释也无法令人信服。在学理上，我国台湾地区学者蔡明诚将"创作特性"和"创作高度"解读为德国著作权法中作品可版权性两个重要前提性要件。认为一部作品欲受著作权法保护，不仅应该经过与先存在形式为整体比较而具有创作特性，而且应该具有必要的创作高度。在判断作品是否具有必要的创作高度时，应将已经确认的创作特性及因此产生的整体印象，与平均水准的创作人的创作加以比较。此所谓平均水准的创作人，既不是指完全无关的外行人，也不是该领域经过特别训练的专家，而是对此

---

❶ 参见德国著作权法第87a条之规定。
❷ 参见卢海君. 版权客体论 [M]. 2版. 北京：知识产权出版社，2014：199-223.

类创作形式能够有所感受的人。❶ 这位学者对作品可版权性要件的上述解释非常类似于专利法中的"新颖性"和"创造性"要求。其认识到了，要求特定作品只有在具有创作高度的前提之下才能够受版权法保护，必然需要首先确定可资比对的对象，而且要确定一个"假定的人"来确定该作品是否达到所谓创作高度的标准。然而，遗憾的是，作品的创作并非等同于发明创作的做出，作品是一种表达形式，发明创造是一种具体性思想，后者遵循"累积性增加"的规律，但前者并非如此。而且，众所周知的是，作品自创作完成之日起即受版权法保护，并不需要满足任何形式要件。于是，必然有很大部分作品已经创作完成，但并未发表，即使发表，后来的创作者也必然不能够知晓先前的作品全部，因此，考察"先存在形式"必然成为无法实现的目标，于是，"创作特性"也就成为一个空中楼阁。从上述推理可以看出，"创作高度"是"创作特性"在逻辑上的递进概念，一部作品只有满足"创作特性"的要求，才可能具备"创作高度"，既然"创作特性"无从客观判断，"创作高度"也就失去了评判的基础。即便是存在评判的基础，确定这样一个"假定的人"也非常困难，上述学者所谓的"对此类创作形式能够有所感受的人"到底如何理解，并未明示。三岁小儿的涂鸦，尽管有人认为其艺术价值不高，但很难说小儿对其涂鸦并不能够有所感受。即使对大艺术家的创作，例如，梵高的画作《向日葵》，即便是刚出生的婴儿，也不能够断然否定其是能够对该画作"能够有所感受的人"。在案件判决中，有判决将创作高度的判定主体界定为"一般公众"，标准是"创作高度至少应使一般公众足以将其看作艺术品"❷。"一般公众"并不同于商标法中的"相关公众"，也不同于专利法中的"普通技术人员"，并非法定术语，并无法定解读，使用这一概念只能徒生争议。而且，创作从来就是主观的，在实践中，一些现代艺术的表现形式，很难说跟三岁小儿的涂鸦有何区别，很难说前者应受版权保护，而后者不受版权保护。

---

❶ 参见台湾蔡明诚编印，国际著作权法令即判决之研究 肆 德国著作权法令即判决至研究［M］. 1996：22-29.

❷ 游永明诉中山市坦洲镇健福食品厂等著作权侵权纠纷案，(2013) 中一法知民初字第285号。

在司法实践中，从上述作者所收集和整理的关涉"创作高度"的判决来看，持"创作高度"的理论不仅将创作高度在"有无"的意义上进行使用，而且在"高低"的意义上进行使用。部分判决利用创作高度的概念将部分表达形式排除在版权保护的范围之外，例如涉及商标标识的案件；而部分判决利用创作高度的概念来区分作品和制品，例如涉及体育赛事节目的案件。可见，在这些判决中，创作高度不仅是个质的概念，更重要的是个量的概念。但何种程度的创作高度才能够使得一个表达形式成为一部应受著作权法保护的作品或者制品，在这些判决或理论著述中并未明确表述，各种不同界定都被使用，例如，"一定水准的""最基本的"❶"一定的"❷"美术作品所要求的"❸"著作权法保护作品所要求的"❹"必要的"❺等。虽然存在上述企图对创作高度的量进行界定的表述，但无一能够清楚界定创作高度的量到底应该定在何处。

持创作高度的概念来评价某部作品是否应受版权保护时，尽管利用不同的说辞来界定作品的创作高度，但通常都是在质的规定性上进行分析，尽管利用的表达方式不同，但实质上都是要求特定作品只有在具备个性的时候才能够受版权保护，虽然用了"创作高度"一词，但并没有提高作品可版权性的标准。例如，学理和司法实践中经常将创作高度等同于创造性。❻美国虽然有将创造性作为作品可版权性的司法实践，但此类案件都具有一定特殊性，并非针对普通作品，而是主要涉及事实作品（factual works）、艺术复制（art reproduction）和具象派的摄影作品（representational photographs）。美国 1991 年的费斯特案被视为创造性要求的圭臬。费斯特所涉及的是电话号码簿，是

---

❶ 宝佳商标有限公司与国家工商行政管理总局商标评审委员会等商标异议行政纠纷再审案，中华人民共和国最高人民法院行政裁定书，（2012）知行字第 38 号。

❷ 北京陈幸福玩具设计中心诉上海声像出版社等侵犯著作权纠纷案，（2007）二中民初字第 85 号。

❸ 黄进忠与漯河市平平食品有限责任公司商标争议行政纠纷上诉案，（2013）高行终字第 546 号。

❹ 南通申东冶金机械有限公司诉董忠新等不正当竞争、侵犯著作权纠纷案，（2005）通中民三初字第 0029 号。

❺ 参见罗明通．著作权法论（I）[M]．6 版．台北：群彦图书股份有限公司，2009：179．

❻ 宝佳商标有限公司与中华人民共和国国家工商行政管理总局商标评审委员会等商标异议行政纠纷再审案，中华人民共和国最高人民法院行政裁定书，（2012）知行字第 38 号。

一种事实性汇编作品,在该案中,法院否定了额头出汗原则,认为按照字母顺序排列的电话号码簿是古老的实践,并没有满足最低限度创造性的要求(modicum of creativity),不具有可版权性。有些学者认为费斯特案提出了作品可版权性的新标准,比普通的原创性标准更高。而事实上,如果给定特定范围的电话号码,任何人按照字母顺序对该电话号码进行排列,所得结果都一样。这说明,此种劳动并非创作行为,而是机械性劳动,不具有不可复制性,其所产生的产物不具有原创性。从此可以看出,费斯特案所谓的最低限度的创造性要求,实际上是要求作品中应该具有个性,并不是创作高度的要求。同样地,在艺术复制和具象派的创作场合,司法实践也是在个性有无的角度使用创造性概念的。艺术复制同具象派的创作不同,前者以作品为对象,后者以实物为对象。忠实地再现原作,并非缺乏创作高度,而是应属复制行为,并无原创性,例如,临摹尽管常常需要高度的艺术技巧,但临摹者并未在作品的造型方面有所贡献与投入,所以,其应属复制行为。谈艺术复制的创造性,实质上实在论"复制者"是否在原有作品的基础之上创作出了新作品,是在蒙娜丽莎的长满雀斑的脸上添加一个雀斑,还是在蒙娜丽莎的脸庞上添加一小撮胡须,也即是否创作出了个性的演绎作品。基础作品的造型并非"复制者"所贡献,尽管复制基础作品的造型可能需要高度的艺术技巧。在艺术复制的场合应用创造性概念,事实上还是在考察"复制者"的行为到底是复制行为还是创作行为,最终产物是复制品,还是具有个性的演绎作品。在创作流派中,不仅有抽象派,而且有具象派。尽管抽象派的创作在被认定为具有可版权性时并不会有太多障碍,但需要铭记的是,具象派的艺术创作即便是要"忠实地"再现原物,也不能把大自然的原貌(wie sie wirklich ist)予以再现,只能够把大自然的外观(wie sie sieht)予以再现。[1]"忠实地"再现人物、实物、实景的情形只可能存在于监控摄像头拍摄监控对象的情形,甚至可以这样说,即使是监控摄像头的拍摄,也不可能忠实地记录拍摄对象的全部,因为,同样一个对象,其拍摄角度从理论上讲是无穷的。但凡是有思

---

[1] 参见雷炳德 M. 著作权法 [M]. 张恩民,译. 北京:法律出版社,2005:141.

想的人拿起摄像机、照相机对拍摄对象进行摄像、拍摄都不可能仅是忠实复制创作对象，都有个性思想观念的反映，从而满足原创性要求，而应该获得版权保护，除非是3D打印。在以实物为创作原型的情形之下，尽管通过变形、夸张的艺术手法所创作的作品满足原创性要求，即使对真实实物的形象进行简单复制，也不能够排除其原创性。大多数人像拍摄也属于对真实实物形象的简单复制，人体蜡像也属于此类情形，遵循有些判决的逻辑，即忠实地再现原物，都不产生原创性的作品❶，这些创作成果都无法获得著作权法保护，这并不符合现实情况。美国版权法权威尼默教授（Nimmer）虽然也认为创造性是作品可版权性的要件之一，但其并没有在专利法创造性的意义上使用"创造性"一词，而是指出，创造性意指"版权表达中有个性的火花"（a spark of distinctiveness）。尼默教授在界定创造性时，选用的是"distinctiveness"，而并未使用"unique"，前者实质上强调的是相对于惯常表达。在最终的创作成果中，有作者贡献存在，强调的是创作与被创作的关系是否存在，而并不是从创作成果的角度出发，来评价该创作成果是否足够独特。所以事实上，还是在作品是否应该满足个性的意义上使用"创造性"一词。

在我国的著作权司法实践中，有些判决尽管用到创作高度的表达，但实质上也是在探讨作品是否具有个性。例如，有判决认为特定书法作品同普通字体仅存在细微差别，从而不具有一定的创作高度，不应受版权保护。❷ 从表面上看，该判决是在评价作者的创作成果是否达到一定标准，但事实上，其只是要求书法作品需要具有个性才能够受版权保护，其所谓的创作高度，实际上等同于个性。著作权法的立法旨趣是文化多样性，只要作品不同于惯常表达（即作品具有个性，个性是衡量某部作品是否具有原创性的基本标准），

---

❶ "在本案中，原告陈幸福中心设计的涉案陈幸福兔玩具并非真实兔形象的简单复制，而是通过变形、夸张等艺术手法进行创作，具有艺术性，达到了一定的创作高度，属于我国著作权法所称的美术作品中的实用艺术作品。"北京陈幸福玩具设计中心诉上海声像出版社等侵犯著作权纠纷案，（2007）二中民初字第85号。

❷ 宝佳商标有限公司与国家工商行政管理总局商标评审委员会等商标异议行政纠纷再审案，中华人民共和国最高人民法院行政裁定书，（2012）知行字第38号。

是作者原创，就应受版权法保护。例如在文字作品领域，存在诸如"我爱你""我恨你"等惯常表达，这些惯常表达本身显然并非作者原创。然而，衡量某表达的原创性时，需要联系作品整体进行判断。例如，"我和你"虽然是惯常表达，但如果将此惯常表达放置在奥运歌曲的标题的位置，却十足具有原创性。书法作品属于造型艺术作品，在书法作品的场合，除非临摹，只要是作者自己书写，即使作者脑海中有某种字体的印象，作者所写的字通常会不同于处于公有领域的字体的造型。当然，如果作者所写书法作品的造型同处于公有领域的字体，例如宋体，或者差别过于细微，说明作者在字的造型方面并没有原创性贡献，因此不应受版权保护。但这并不是说，作者的创作成果本身是否高低。

创作高度说经常在特殊类型作品的场合使用创作高度这一概念。例如，有的案件是在非独立作品可版权性要件的意义上使用"创作高度"这一概念，认为"珊瑚墙公司所称其对动画片《喜羊羊与灰太狼》中角色形象的演绎，并没有达到区别于已有作品从而成为一个独立作品的创作高度……"。[1] 这一判决实际上是在要求演绎作品应该满足与基础作品的可区别性要求，才能够获得版权保护，为的是对演绎作品的版权保护并不会影响到基础作品的著作权法地位。实际上在特殊的演绎作品的场合，用"可区别性变化"替换了"创作高度"这一概念。这一理解符合著作权法的基本原理，因为演绎作品的创作以基础作品为基础，其有可资比较的对象，在基础作品的基础之上判定其是否"高"，即是否存在"可区别性变化"是有章可循的。这一做法也被一些经典判例所认可。但此种认识的缺陷在于，其将特殊类型作品版权保护的特殊标准误当作普通作品的一般版权标准来对待，这样会不适当地提高版权保护的标准。在特殊类型作品，例如演绎作品这种非独立作品的版权保护中，需要考虑基础作品的版权法地位，对其版权保护标准的确定有其特殊的政策考量。但在普通作品中，并不存在基础作品版权法地位被影响的担忧，显然，不应该满足承载有特殊政策考量的特殊标准。

---

[1] 成都珊瑚墙装饰艺术有限公司与广东原创动力文化传播有限公司著作权侵权纠纷上诉案，(2014) 川知民终字第 6 号。

类似的，持创作高度观点的学说还经常拿实用艺术作品版权保护的特殊标准试图来解释创作高度的概念，实际上混淆了实用艺术作品的版权保护与外观设计专利权保护的界限。学者普遍认为工业品外观设计与实用艺术作品并无区别❶，英国、法国、❷ 德国、❸ 瑞典、芬兰、挪威❹等国都认可外观设计法与著作权法的重叠保护。这一做法并非没有道理。外观设计保护与著作权保护的立法旨趣趋同，都是保护艺术性设计，虽然我国法律将外观设计作为专利权的对象进行保护。尽管外观设计专利权构成要件要求其具有创作高度❺，不过，并不能够由此推理，创作高度应该作为作品可版权性要件的普遍标准。虽然外观设计专利保护的也是艺术性的设计，但不同于普通作品的是，外观设计专利所保护的外观设计必须依附于产品而存在，由于这种依附性的存在，在外观设计中有现有设计的概念，而且现有设计是相对容易界定的。但普通作品并不存在现有作品的概念，现有作品也是无法界定的。所以，要求外观设计必须具备一定的创作高度或创造性（在实用艺术作品著作权保护中主张创作高度的观点通常是在创造性意义上使用"创作高度"这一概念）才能够受专利法保护的做法是可行的，但将"创作高度"这一要求施于普通作品却是不可行的。虽然工业品外观设计同实用艺术作品并无区别，但实用艺术作品的著作权保护的力度显然小于外观设计专利权的保护力度。因此，即便是可用较高的创造性标准来衡量外观设计的可专利性是否被满足，例如以自然物原有形状、图案、色彩作为主体的设计，也并不会被授予外观设计专利权进行保护❻，但由于实用艺术作品版权保护的力度较低，只要他人是独立创作的，都属于自由的范畴。对实用艺术作品的版权保护标准，并不能够比照外观设计专利权的创造性要求来确定。实用艺术作品的版权保护，

---

❶ 参见郑成思. 知识产权法 [M]. 2版. 北京：法律出版社，2003：294.
❷ 参见罗明通. 著作权法论（I）[M]. 6版. 台北：群彦图书股份有限公司，2009：138.
❸ 参见雷炳德 M. 著作权法 [M]. 张恩民，译. 北京：法律出版社，2005：94.
❹ 参见郑成思. 知识产权法 [M]. 2版. 北京：法律出版社，2003：297.
❺ 厦门铜冠金属有限公司等侵害外观设计专利权纠纷一审民事判决书，（2015）济民三初字第945号.
❻ 参见《专利审查指南（2017）》第7.4条的规定。

只需要满足可分离性即可，不论其是物理上的可分离性，还是观念上的可分离性。❶ 即便是实用艺术作品的版权保护需要满足可分离性标准，该标准的采取并非否定以自然物本身为原型进行创作的原创性，而只是为了防止对作品艺术性表达的版权保护不会覆盖到其所依附的物品的功能性。因此，实用艺术作品版权保护标准的特殊性并不在于其艺术性表达是否达到一定的创作高度。更不能够认为实用艺术作品应该具有比普通作品更高的创作高度。

在我国司法实践中，创作高度的概念不仅被用来界定作品应否受著作权法保护，而且往往用来区分作品与制品，持创作高度的观点的人认为，制品的创作目的受限，创作空间有限，创作高度不足，不能够作为作品受保护，应该放在邻接权中进行保护，认为"对于涉案体育赛事直播节目而言，其制作拍摄的目的是为观众呈现真实、客观比赛全过程，在赛事直播进行时，各摄影师操控摄像机进行摄制，电视导播对不同机位拍摄的画面进行取舍、剪辑，均服务于上述目的。体育赛事只是一连串意外情况的结果，电视导播无法控制比赛进程，体育赛事直播节目的性质决定了电视导播、摄制者在节目中并非处于主导地位，体育赛事直播节目制作人在体育赛事直播节目能够按照自己的意志做出的选择和表达非常有限。电视导播从大量的图像、摄像角度和特技效果进行选择、编排，有智力成果的投入，由不同的团队进行直播，呈现的赛事直播画面亦会有所区别，但其所体现的创作性，尚不足以达到我国著作权法所规定的以类似摄制电影的方法创作的作品的高度，不属于我国著作权法规定的作品"❷。上述推理显然存在瑕疵。以"电视导播无法控制比赛进程"来否定其原创性显然不具有说服力，纪录片的导播是否可以控制事件的发展过程？新闻作品的作者是否可以控制新闻事件的发展过程？显然不能，但纪录片和新闻作品可受著作权法保护是毫无疑问的。如果持创作高度的观点，势必作品与作品之间也存在创作高度的区别。事实上，在我国著作权法司法实践中，就有认为不同作品类型作品应该具有不同的创作高度，例

---

❶ 参见卢海君. 版权客体论 [M]. 2版. 北京：知识产权出版社，2014：251-270.
❷ 广东省深圳市福田区人民法院民事判决书，(2015) 深福法知民初字第174号。

如，美术作品应该具有比普通作品较高的创作高度。❶ 如果秉持创作高度的观点，那么，就电影作品与摄影作品而言，是不是意味着电影作品比摄影作品的创作高度要高，在著作权法中要对其进行区别对待？即使是同样种类的作品，也存在创作高度的区别，是不是也要区别对待？制品之间也存在创作高度的区别，例如同样是体育赛事节目，一场足球比赛节目相对于一场马拉松比赛节目，是不是也存在创作高度的区别，是不是也要做区别对待？果真如此的话，就需要建立客观标准来区分不同作品的创作高度，但这种客观标准的建立即使不是不可能的，也是极其困难的。以至于有学者在碰到特定类型作品的时候，例如体育赛事节目是否具有原创性时，还纠结于摄像机位的多寡，企图从这个角度来说明创作高度的高与低。有些从业者甚至试图让我国法院建立一种量化标准，来衡量特定表达形式是否满足创作高度的量。拿体育赛事节目来说，实务界甚至奢望法院能够从摄像机位的多寡这一层面建构一个区分作品与制品的量化标准。这种想法尽管显现出业界对版权保护的诉求之强烈，同时也说明，诸如"创作高度"这样一个模糊标准，在实践中是难以满足客观性要求的。一台乒乓球比赛节目，相对于足球比赛节目，摄像机位虽然少得多，如果基于创作高度学说的解释和思维推理，是不是意味着乒乓球比赛节目比足球比赛节目应受的版权保护程度要低？如果要刻意地区分作品的创作高度的话，不仅在不同类型作品中，在同种类作品中，甚至于在同一部作品中，都有可能存在创作高度的不同。有学者认为，在一场足球赛中，体育赛事的画面创作高度不高，但解说的创作高度高，在实践中就会存在这样的局面：一个完整的体育赛事节目转播，其中有的是作品，有的是制品，具有不同的著作权法地位❷，应做不同处理，果真如此，不仅令人匪夷所思，而且会严重影响文化产业发展。

---

❶ 深圳市三菱文具有限公司与三菱铅笔株式会社不正当竞争纠纷上诉案，(2013) 沪一中民五（知）终字第170号。

❷ 参见王迁. 论体育赛事现场直播画面的著作权保护——兼评"凤凰网赛事转播案"[J]. 法律科学，2016（1）.

四、创作高度立意含混

要求作品在具有创作高度的前提之下才能够受到著作权法保护的旨趣,通常被解释为防止作品著作权保护的泛化,防止普通老百姓动辄得咎。❶ 我国实务界有持同样观点的判决,认为之所以要求作品在具有创作高度的前提之下才能够受到著作权法保护,主要考虑以下几个方面的因素:其一,不要求作品具备基本的创作高度,势必降低作品可版权性标准,不利于促进作品的创作和传播,还可能造成公共资源被不合理地侵占,有损社会公共利益;其二,采取创作高度的观点有利于妥善处理知识产权法各部门法之间的关系。例如,如果不具有基本创作高度的商标标识受版权法保护,那么商标法的宗旨可能不能圆满实现。具体而言,按照我国商标法的规定,普通注册商标专用权并不享有全类保护的特权,也就是即便完全相同的商标标识,商标法亦不禁止不同的商标注册人将其注册在不相同或不相类似的商品或服务上。但如果商标标识受版权法保护,那么实际上普通注册商标专用权人可以版权保护为权利基础阻止他人在不相同或不相类似的商品或服务上使用相同商标标识。另外,我国商标法中还有注册商标专用权人三年不使用商标即可被撤销的规定,被撤销之后,他人可以自由利用。但如果商标标识受版权法保护,即使该商标权被撤销,原商标权人还是可以基于版权保护来阻止他人对商标标识的使用。如此,商标法的立法目的会落空。❷

采创作高度观点的学说最主要的担忧似乎是出于对公共利益被侵蚀,认为如果任何水准的作品,例如三岁小儿的涂鸦,都可以获得版权保护,势必会使公共利益受损。这种担心事实上误解了著作权法的立法宗旨和规范性质。著作权法并非要保护结果意义上的创造性,在规范性之上也不是建构绝对的财产权,他人是可以自由独立创作的,著作权法所打造的生态环境是个性的

---

❶ 参见雷炳德 M. 著作权法 [M]. 张恩民, 译. 北京:法律出版社, 2005:51.
❷ 株式会社资生堂诉中华人民共和国国家工商行政管理总局商标评审委员会商标异议复审行政纠纷案,(2012) 一中知行初字第 165 号。

生态环境，在其中允许个性存在。这不同于专利法，专利法打造的是共生的生态环境，在其中并不允许完全相同的发明创造重复享有专利权。对作品的版权保护不采取结果意义上的标准衡量，并不会导致公共资源的侵蚀，而鼓励的是每个人独立进行创作。举例而言，任何人只要写字，除了临摹，都是在创作，大多数人的创作成果并无艺术价值，但这不妨碍创作人对创作成果享有版权保护，因为即使在笔迹中也表现出作者的个性。同时，这一版权保护也并不能够阻止他人的独立创作，在著作权法的生态环境中，大家都相安无事，著作权法对书法作品的版权保护并未导致天下大乱。大多数人采创作高度的观点，实际上误解了公共资源的范畴，例如认为汉字"卫龙"和拼音"Weilong"经排列组合所形成的表达不具有所谓的创作高度，对其的保护可能导致公共资源的侵蚀。[1] 此推论存在逻辑上的缺陷。"卫龙"并非惯常表达，应属"臆造商标"，本不属于"公共资源"，因此对其赋予一定期限的著作权法保护也就并不会导致所谓公共资源被不合理占有的后果。即便是认为"卫龙"属于公共资源，假定商标所有权人无限次地续展该商标，那么相对于有期限的版权保护来说，商标权的保护是不是在更大程度上构成对公共资源的不合理占有。假设将惯常表达"好先生"经过一定的艺术处理，形成美术作品之后注册为商标，如果在此美术作品之上的商标权消失，著作权人对美术作品所享有的著作权并不会导致惯常表达方式"好先生"的自由利用受到限制。在此种假设之下，作为美术作品形式存在的"好先生"同作为文字作品形式存在的"好先生"在法律上的地位并不相同，前者属于私权客体范畴，而后者则属于公共领域。从此推理可以看出，对美术作品"好先生"的保护并不会导致公共资源被不合理占有。又如以人物、实物、实景为创作原型所创作的作品，即使同原物并无任何区别（这事实上不可能），也不会导致社会公共资源的侵蚀，例如长城属于公共资源，但版权保护的并非长城本身，而是有关长城的创作，长城本身唯一，但对有关长城的创作形式无限。

上述协调各知识产权法之间关系的说理却存在逻辑上的缺陷。按照上述

---

[1] 黄进忠与漯河市平平食品有限责任公司商标争议行政纠纷上诉案，(2013) 高行终字第546号。

逻辑，欲实现商标法的立法目的，势必意味着任何构成商标标识的表达形式都不应再受版权保护，否则，商标法的立法目的无法实现。而不是如上所述，要求作品的版权保护需要满足创作高度标准，部分构成商标标识的表达形式满足创作高度的要求而能够获得版权保护，部分构成商标标识的表达形式无法满足创作高度的要求而不能够获得版权保护。也就是即使有所谓创作高度的概念，上述商标法的立法目的也不能够实现。必然有部分构成商标标识的表达形式能够满足创作高度的要求而获得版权保护。例如，以一幅原创性的美术作品作为商标标识注册商标，这幅美术作品应受版权保护无疑，但上述所谓的商标法的立法目的如何予以实现？事实上，在通常被认为作品版权保护标准较高的德国著作权法中，具有艺术性的商标标识也是可以获得著作权法保护的。[1] 事实上，众多采取创作高度概念的判决意图实现的宗旨完全可以通过其他方式被满足。例如，一个案例涉及产品照片的著作权问题，法院出于担心产品照片的版权保护会产生阻碍竞争的不利结果，认为"虽然拍摄者在角度选择、用光等方面进行了取舍，但无疑这些照片仅是对客观物体的简单再现，并没有达到著作权法保护作品所要求的创作高度。因此，对相关设备照片不宜认定为受著作权法保护的摄影作品并施以著作权保护"[2]。如果诉讼中的两者都生产类似产品，假设原、被告都是独立创作相关产品的照片，那么照片之间必然看起来相近，但只要是被告独立创作的，并不会产生侵权问题，这是著作权法中众所周知的原理。那么，被告完全可以自由在其宣传手册中使用其产品照片，自由竞争的市场秩序并未被破坏。除非被告直接从原告处复制产品的照片，而这肯定构成版权侵权，但这又是完全没有必要的行为。

---

[1] 参见雷炳德 M. 著作权法 [M]. 张恩民, 译. 北京：法律出版社, 2005：95.

[2] 南通申东冶金机械有限公司诉董忠新等不正当竞争、侵犯著作权纠纷案，(2005) 通中民三初字第 0029 号。

五、结论

在理解知识产权的客体时，应该注意不同门类的立法旨趣的不同。在知识产权法的三个构成中，版权法的立法旨趣是文化多样性，专利法的立法旨趣是技术进步性，商标法的立法旨趣是标识可识别性。版权法保护的是表现形式，专利法保护的是具体性思想，商标法保护的是标识同商品或服务来源的指代关系。版权法保护的对象相互之间依存关系低，作品之间并不存在渐进性发展的关系；专利权保护的对象相互依存关系高，因为发明创造是需要渐进性发展的；商标法保护的对象实质上是消费者认知，维护的是公平竞争的市场秩序，属于反不正当竞争法的一种。正因为有上述根本不同，各类知识产权客体的保护要件存在显著差异，可版权性要件（copyrightability）强调作品的原创性（originality），可专利性要件（patentability）强调发明创造的创造性（creativity），可商标性要件（trademarkability）强调标志的显著性（distinctiveness）。不仅要件不同，而且各自要件评价的对象各异。原创性要件评价的是作品是否由作者所创作，创造性要件强调创造成果是否具有技术先进性，显著性强调标识是否有能力区别商品和服务的来源。原创性指的是作者的"创作行为"（creation）创作了"个性"（personality）的表达形式，强调的是作者与作品的关系（欧盟在原创性标准一体化中的努力成果为"the author's own intellectual creation"，美国版权法中的"original works of authorship"的利用都说明了这一问题）是否成立，作品中是否存在作者的投入（input），如果作者与作品之间创作与被创作的关系存在，则作品满足原创性要件；反之，如果作者与作品之间创作与被创作的关系不存在，则作品不满足原创性要件。原创性是个事实问题（a matter of fact），而并非法律问题（a matter of law），原创性并非评价的是创作成果是否满足何种属性。原创性只有有无的问题（是个定性问题，qualitatively），而无高低的问题（而不是个定量的问题，quantitatively），因为高低所评价的对象是创作成果，跟原创性所评价的创作与被创作的关系是否成立不同。尽管有判例似乎在要求原创性的量（quantum of originality），认为某种独创性努力（independent effort）过于微小（too trivial），不应受版权保护，但如前所述，这只是在阐述某部作品中是否存在个性。机械性劳动（labor）、高度的艺术技巧（skill）都不是创作行为，这种行为在作品的最终表达形式上不会留下作者个性的印记，不可能导致原创性作品的诞生。从原创性的含义可以看出，通常而言，只要创作自由的存在意味着结果就是智力成果（intellectual creation）；反之，如果作品创作过程中，受功能考虑的限制，即作者丧失了创作自由，其结果通常没有个性，不会满足原创性要件而受版权保护，从原创性的评价对象可以看出，其强调的是创作与被创作的关系是否存在，只要这种关系存在，作品即应受版权保护。因此，与创作与被创作的关系无关，而试图评价创作结果的概念都与原创性无关。这些概念包括新颖性（novelty）、创造性、独特性（unique）、艺术价值（aesthetic merit）、创作高度等都与作品是否满足原创性要求无关。形象地说，原创性并不要求作品具有较高的艺术价值或足够独特，并不要求鹤立鸡群，并不要求其必然是"鹤"，是"鸡"即可，只要该"鸡"是作者所"生"的，反映了作者的"个性"即可。

回归到作品版权保护标准的正确定位，不仅理论上的困惑得以释怀，文化产业的发展也将从中受益。创作本属主观过程，创作高度也并无客观标准，这一概念的使用只会导致司法判决的不一致，无异于作茧自缚。虽然笔者所检索到的提及创作高度的案例大多数认为，作品应该具有一定的创作高度才能够受版权保护，但在针对同样一个问题的时候，不同法院有可能做出不同的判决。例如，对同样的商标标识，初审法院认为没有达到创作高度而不具有可版权性，而上诉法院认为，尽管作品的构成都处于公有领域，例如字母和颜色，但其排列组合满足创作高度的要求，应该具备可版权性，应受著作权法保护，并指出原审法院对作品创作高度的要求过高。❶ 与此类似的是，有的判决认为音乐电视不具有一定的创作高度，应属制品，而享有邻接权保护。

---

❶ 谷歌公司（Google Inc.）与爱思美（北京）信息科技有限公司著作权权属、侵权及不正当竞争纠纷上诉案，（2012）高民终字第3337号。

而有的认为音乐电视具有创作高度，应受著作权法保护。❶ 涉及体育赛事节目的判决也是如此。由于认识上的误区，我国许多判决误将本不存在的创作高度拿来评判作品的可版权性，得出包括体育赛事节目、电竞直播节目等不属于作品的结论，而我国著作权法对作品与制品的保护不仅是保护期限不同，制品邻接权保护的权能也不一样。如此，在客观上已经作为版权交易的对象，例如，体育赛事节目，反而得不到著作权法的作品保护，对我国相关文化产业的发展造成了极大阻碍。相关从业者也惊呼，到目前为止，法官和学者还在探讨体育赛事节目等是否应受版权保护的问题。事实上，从本质上讲，不论是作品也好，还是制品也罢，都属于文化产品，都属于商品，用过于烦琐和不确定性的概念对这些文化产品进行细化，可能能够满足理论上的某种追求，但会对版权交易和版权价值实现带来极为严重的后果。我国体育赛事文化产业的发展目前就处于非常尴尬的窘境。❷ 版权法实现文化多样性这一立法旨趣的法宝就是尊重自由独立创作，即便是某些从创作成果层面来看并无多少艺术价值的作品受到版权保护，也不会遭致公共利益的减损，因为，艺术价值低的作品本来就没有太多市场价值和社会价值，而且他人完全可以独立创作，又何谈公共利益受损，社会进步受到阻碍。

---

❶ 上海特别歌城歌舞休闲有限公司与中国音像著作权集体管理协会侵害作品放映权纠纷案，(2016) 沪 73 民终 139 号。

❷ 参见卢海君. 论体育赛事节目的著作权法地位 [J]. 社会科学, 2015 (2).

风险控制视阈下的版权侵权预防研究

首善文[*]

一、引言

版权，现在越来越成为驱动经济社会发展的动力。根据中国版权产业经济贡献调研的调研结果[❶]，2015 年中国版权产业的行业增加值已经突破 5 万亿元，达50054.14亿元，占全国 GDP 的 7.30%，比 2014 年提高了 0.02 个百分点；城镇单位就业人数为1666.90万人，占全国城镇单位就业总人数的 9.23%；商品出口额为2633.36亿美元，占全国商品出口总额的 11.58%。调研数据直观地显示了我国版权产业在经济中的占比，版权产业为解决就业、推动经济发展发挥了重要的作用，成为经济新常态下"调结构、稳增长"的新动力。

随着版权产业的兴起和壮大，版权侵权行为正在阻碍着版权的健康发展。通过研读最高人民法院、各地知识产权法院发布的年度"十大知识产权案件"

---

[*] 首善文：广州市版权保护中心业务部职员，硕士研究生，主要从事著作权（版权）知识宣传和教育培训活动、著作权（版权）业务咨询、展会著作权（版权）咨询和投诉处理等服务工作，善于将经济学、管理学和新闻传播学等学科中的相关知识理论融入著作权（版权）创造、运用和保护的研究之中，为著作权（版权）的研究提供不同角度和视野。

[❶] 数据来源：国家版权局. 中国版权产业发展十年来贡献显著　2015 年增加值已占 GDP 的 7.30%［EB/OL］.（2017-04-25）［2017-04-29］. http：//www.gapp.gov.cn/chinacopyright/contents/10336/329961.html.

和国家版权局发布的"年度全国打击侵权盗版十大案件""全国版权执法情况统计"等文件，版权侵权案件的数量、金额都在不断上升。一方面，这是版权意识不断增强的表现；另一方面，凸显出版权侵权案件日益高发，版权侵权行为的风险防范不足。

鉴于此，本文将版权侵权行为置于风险学之中，从内涵、产生的原因等方面进行分析和梳理，并基于风险控制理论提出相应的预防策略。

二、版权侵权行为的风险学内涵

风险，目前学界还没有统一的定义，不同学科和体系有着不同的定义。生活中，风险常常来自"风"，风灾、风暴都是风险；风险作为管理实践和学术研究始于美国的保险业，1964年美国著名学者威廉姆斯（C. Arthur Williams Jr）和汉斯（Richartcl M. Heins）出版了《风险管理与保险》（*Risk Management and Insurance*）一书，系统论述了风险管理的相关理论知识。通常，风险有四个最主要的特征：不确定性、客观性、普遍性和损失性。总的说来，风险无时不在、无处不有，存在损失可能。

在创造、运用和保护的过程中，版权侵权风险时刻伴随着存在。首先，版权内容的创作和生产过程中存在着风险：一是内容本身的风险，内容的来源是否合法，是原创还是合理使用，是否得到相应的授权；二是内容实现的风险，内容创作出来得益于一定的技术手段的呈现，例如使用的计算机软件是否为正版，是否将个人版软件用于商用等。其次，版权运用的过程中存在着风险：一是传播中的风险，版权为了实现价值就要传播，作品经过发表、传播和展示就无法避免版权被抄袭的风险；二是使用中的风险，作品完整性被破坏、作品被歪曲、恶搞等现象屡见不鲜，侵权现象随时发生。最后，版权保护过程中存在着风险：一是知识水平，版权管理部门、团队的版权法律知识水平，版权相关业务能力的熟悉程度直接关系到版权风险预防和控制的效果；二是法律道德标准，部门、团队所坚持的版权法律底线和道德价值标准，对版权侵权行为的界定和认可，直接影响版权侵权风险大小；三是管理机制，管理部门、团队的内部制度的完备与否，体制机制是否健全，企业内部文化等因素决定着对版权侵权的反应速度和应对机制，这些不确定因素为预防版权侵权增加了难度。

风险通常是由风险因素、风险事故和风险损失等要素组成。版权侵权行为产生的原因即风险因素，版权侵权行为的发生即版权事故，版权侵权行为造成的经济损失和名誉损失即风险损失。接下来，将主要分析版权侵权风险因素——版权侵权行为产生的原因。

三、版权侵权行为产生的原因

版权侵权行为产生的因素是多方面的，包括经济、法律、技术、文化等方面的影响。本文以当下社会的版权侵权行为特点为基础，结合风险管理的要素，主要从成本、技术、法律和管理等因素入手，分析版权侵权行为产生的主要原因。

（一）成本因素

马克思主义"物质决定意识，意识对物质具有能动的反作用"这一基本观点决定了，成本因素是版权侵权行为需首要考虑的基本因素。作品的创作和生产，需要耗费大量的人力、物力和财力，侵权行为产生的成本因素主要包括经济成本和时间成本两个方面。

一是侵权行为所需的经济成本低。正版产品的生产和制作在原料、包装和运输等环节都有相应的行业标准和要求，而大多数盗版产品的生产由于其盲目追求经济效益，所耗费的经济成本低于正版产品的创作和生产成本。例如，盗版书籍通常选用劣质纸张、有毒有害的油墨进行印刷，造成实际阅读质量的下降，严重的将危害健康，同时阻碍了出版行业的健康发展。

二是侵权行为所需的时间成本少。受"拿来主义"的思潮影响，"复制、粘贴"等高效手段，催生出各类作品常常被快捷地"拿来"使用的行为，而忽略了其应遵守的最基本的底线——合理使用。《著作权法》中明确规定了多款"合理使用"的方式和内容，但鲜有使用者知道、了解并遵守，更有甚者还将著作权权利关系复杂的作品理解为自己的作品。

（二）技术因素

随着技术的不断进步，一方面在推动着社会的进步发展，为创作出更多的作品提供了实现的条件；另一方面也为版权侵权行为提供了技术支持，让侵权盗版行为变得更加容易。

技术的不断进步和流通速度的加快，为版权侵权行为提供了保证。过去，看电影通常只能到电影院。由于影像记录工具的升级换代，互联网流通速度的提升，现在大多数热门的电影只要上映，就能在网上找到各种"枪版"电影。虽然这些电影的效果不及电影院的真实观看效果，但随着近年来的技术进步，其效果的逼真程度也在不断升级，互联网的连接速度也由原来的 Kbps 级到现在的 Mbps 级❶，"枪版"电影的"上传—下载"速度也在大大缩短，这都在为侵权盗版行为提供技术支撑和保证。

技术限制措施不够，让版权侵权行为更容易实现。技术限制措施设立的目的是防止被盗版和侵权，但现实中由于投入和研发不够，多数技术限制措施形同虚设或没有发挥其应有的效果。例如，光盘的防拷贝技术虽然在一定程度上能够防止被拷贝，但为了追求利益，盗版光盘的制作者想方设法地破解技术，以实现快速复制进而赚取利益的目的；软件的序列号验证机制，本质上是为了防止软件被盗版而设置的一道门槛，由于正版软件售价不菲，软件黑客们破解软件并免费放在互联网上供下载使用，这对软件开发者造成了经济损失。

（三）法律因素

法律条款的滞后性，无法让新生的作品得到版权保护。对目前热门的"综艺节目模式""电子游戏"等形式，《著作权法》所保护的作品类型未能

---

❶ 网络带宽速率：1Mb/s = 1024Kb/s。见百度知道. 网络带宽 [EB/OL]. [2017-10-06]. https://baike.baidu.com/item/%E7%BD%91%E7%BB%9C%E5%B8%A6%E5%AE%BD/6120475?fr=aladdin.

涵盖，在实际的版权登记和维权中不能得到有效的保护。"综艺节目"就本身而言，其节目视频可以以"类似电影方式创作的作品"进行著作权登记，而"综艺节目模式"现在能否成为《著作权法》中的作品还存在争议，其仅能在形成文字后以"文字作品"进行登记，无法全面地保护其真正的核心内容——节目创意。"电子游戏"这一新生事物，其涵盖的作品类型更为丰富，包括游戏画面、人物角色、音乐音效、游戏程序等，虽然每部分都能进行单独的登记，但是在现今的法律环境下无法从整体上进行保护，特别是电子游戏，基于人机互动而运行，不同互动下都能产生不同的作品，无法从根本上解决其保护版权的问题，版权侵权的风险就大大增加了。

维权难度大，让版权侵权行为屡禁不止。相较于版权侵权，维权在取证上难度大，受时间等因素的控制；在诉讼途径中，所耗费的时间精力和环节多，不利于小型的版权侵权案件解决；在赔偿标准上，往往会出现赔偿款低于律师费用等问题，造成"入不敷出"的情况。这些情况，在一定程度上放纵了版权侵权行为的发生，增加了版权被侵权的风险。

（四）管理因素

宏观上，行政管理和公共服务不完善，增加了版权侵权行为实现的机会。目前，各地的版权行政管理部门主要合并在文化、新闻出版、广播电视等部门里，相应的版权管理处、科室的公务人员数量、运行经费和服务内容等存在量上的不足。而各地的知识产权管理部门，主要负责专利相关事务，有独立的机构和人员，较版权管理部门有更大的人员、经费力度能够支撑其开展全面的业务。这也使得版权公共服务的系统性、长期性需求无法被社会满足，增加了版权被侵权的风险。

微观上，企业管理制度和个人意识的缺失，主体上增加了版权被侵权的风险。目前，由国家版权局和各省、直辖市、自治区版权局评选的版权示范企业和版权兴业示范基地，较为重视版权的管理和制度建设。大多数企业虽然时刻都在创造版权，但基本处在版权管理制度欠缺、版权管理团队松散、版权侵权风险防范不足的环境下。这些企业往往只重视版权的创造，将版权产品的经济价值作为其成功与否的标志，而忽略了版权创造后的风险防范。而就社会中的每个人而言，基于学校教育的缺失、获取专业版权教育的机会少和互联网版权信息冗杂的现实，很难全面地提升个体的版权保护意识，对具体的侵权行为的认知不足，增加了版权侵权行为的风险。

四、版权侵权预防策略

版权具有经济价值，能够为其带来收入和增值；版权是知识产权，是知识领域的权利归属；版权更是一种资产，在现在社会越来越成为竞争的核心。所以，版权侵权行为一方面不仅侵犯了著作权人的财产权，即经济利益等方面的损失，另一方面造成对其人身权的侵犯，即相应的名誉和维护作品完整性等权利。这无疑是具有风险意义的行为，需要通过一系列手段降低版权侵权行为的风险，预防版权侵权行为的发生。

本文通过借鉴和引入风险管理的模式，以风险控制视阈研究预防版权侵权行为的手段和策略。风险控制是风险管理的手段之一，目的是通过风险控制手段减少各种风险发生的可能性，降低风险发生时的损失。风险控制主要有四种策略：风险接受、风险降低、风险规避和风险转移。

（一）版权侵权风险接受策略

此类风险在可承受的范围之内，暂不需要处理，但需监测其趋势变化。此种手段主要应对版权侵权数量、金额不大的个别案件，发生此类侵权案件时需要关注事件发生的动态变化，做好事件的动态监测。如果版权侵权风险进一步加大，可以通过发送律师函件、协商调解等形式进行处理。

（二）版权侵权风险降低策略

通过各种手段去降低产生风险的要素，将风险损失降低到预期的水平。版权侵权风险发生前，可以采取一系列预防措施。一是提升版权保护意识，通过加大对版权保护的法律法规的宣传教育，掌握版权保护的基本原则；二是及时进行版权确权登记，厘清作品的著作权及其相关权属关系，建立作品版权登记数据库；三是建立版权管理制度，构建版权管理团队，从制度、人员等方面构筑长效机制。

版权侵权风险发生后，积极应对版权侵权事件，降低风险损失。一是加强证据收集与保存，固化相关证据，为后续风险降低活动提供准备；二是通过发送律师函等形式，告知版权侵权事件提出赔偿申请；三是合理进行调解，争取正当赔偿，降低经济损失。

（三）版权侵权风险规避策略

本策略是将产生风险的要素彻底消除，风险便随之消除。主要通过版权行政执法、法律诉讼等手段，依据《著作权法》《合同法》《侵权责任法》等法律法规，要求侵权人承担停止侵害、消除影响、赔礼道歉、赔偿损失等责任，以此达到规避风险的办法。

（四）版权侵权风险转移策略

在风险管理责任不能转移的前提下，通过购买保险、风险转移给供应商等手段将版权侵权风险造成的损失转嫁出去。一是购买版权保险，现在国内外保险公司均有版权保险。我国主要的版权保险主要有著作权交易保证保险和版权保险箱等品种，通过购买版权保险，转移版权侵权风险。二是作品授权开发，通过签订作品授权开发合同，将作品的版权运用风险转移到第三方，降低自身的版权侵权风险。三是授权律师事务所代理版权法律事务，包括版权风险分析、版权相关合同拟定、版权侵权代理等事务，转移和降低自身版权侵权风险。

公众版权意识培养与版权侵权风险预防

杨丽芳[*]

一、互联网时代版权侵权概况

近年，以文学艺术、广播影视、工艺美术、计算机软件、信息网络等产业为重点的版权产业迅速发展，特别是在经济发展过程中凸显优势，逐步成了国民经济新的增长点和经济发展中的支柱产业。与此同时，在互联网技术迅猛发展以及互联网与传统行业深度融合的过程中，版权侵权风险日益加大，手段层出不穷。版权作为文化艺术领域最重要的知识产权，其权利保护面临着前所未有的挑战。

在中国信息通信研究院发布的《2016年中国网络版权保护年度报告》中指出："2016年司法案件呈现出如下新特点：第一，网络内容产业各领域版权纠纷数量趋于均衡，其中网络文学案件数量达到总量的24%，比去年增加10个百分点，涉及著名影视作品互联网传播的版权纠纷案件不断增多；第二，网络版权案件新载体、新形态不断出现，涉及的传播方式日益多样化，一半的侵权纠纷案件通过网站、搜索引擎、浏览器等方式传播。此外，通过APP、电视盒子、微博微信等方式提供网络传播服务引发的侵权案件也层出不

---

[*] 杨丽芳：广州市版权保护中心业务部部长，广州市知识产权专业版权组中级职称评审委员会委员。

穷……"❶可见，互联网的快速发展在给我们提供各种便利的同时，也成了版权侵权的高发地带和重灾区。"数字音乐的网络链接""手机游戏版权""综艺节目模式""体育赛事节目版权""网络游戏侵权""云盘秒传功能"等都是当前版权侵权领域的热点词汇。

针对当前网络环境下版权侵权日益严重的情况，国家版权局不断加大网络版权整治力度，国家从立法保护、司法保护和行政保护等方面加大建设力度，也取得了不少成效。"建设法治社会，维护社会公平正义，法律法规的及时修订和完善是顶层设计"❷ 成为专业人士、产业界等的共识。

二、公众版权意识培养的必要性

结合世界知识产权公约组织（WIPO）以及 TRIPs 协议《与贸易有关的知识产权协议》的分类，知识产权大体上包括著作权❸、邻接权、专利权、工业品外观设计权、商标权、地理标志权、集成电路布图设计权、商业秘密、植物新品种等权利。在中国法律制度的发展历史上，知识产权属于"舶来品"，知识产权制度最初在中国出现是在晚清时期，但是真正意义上的知识产权制度建立是在改革开放以后，随着中国加入世界贸易组织等进程，为和国际接轨，从 1982 年起先后制定并颁布了《商标法》《专利法》和《著作权法》，用 20 多年的时间建立了较为完整的、符合国际规则的知识产权保护法律体系。

但制度上的相对完善并不代表已经形成一个成熟的知识产权保护的社会氛围。我国的知识产权行政管理实行分散式管理方式，公众对"知识产权"的概念比较模糊，对专利和商标相对认识较多，但对版权却不甚了解，更不

---

❶ 2016 年中国网络版权保护年度报告［N/OL］.（2017-04-26）［2017-10-10］. http://www.legaldaily.com.cn/index/content/2017-04/26/content_7124907.htm?node=20908.

❷ 张洪波. 版权保护重在顶层设计［N/OL］.（2017-03-26）［2017-10-05］. 中国新闻出版广电报，http://www.ncac.gov.cn/chinacopyright/contents/555/318288.html.

❸ 根据《著作权法》第 57 条"本法所称的著作权即版权"，为论述方便，本文主要采用"版权"这一提法。

用说对版权侵权行为和后果有所了解。由于版权是文化艺术领域最重要的知识产权，在人们日常的学习和娱乐生活中更容易存在侵权风险。

国家版权局从 2005 年起联合国家互联网信息办公室、工业和信息化部、公安部等每年开展"剑网行动"，加大打击网络侵权盗版力度，保护网络知识产权。围绕网络文学、音乐、影视、游戏、动漫、软件等重点领域严厉打击各种侵权盗版行为。猖獗的侵权盗版行为虽然在一个阶段内受到打击，但是要在打击侵权盗版工作中取得更多成效，除了依靠法治之外，更加需要培养公众的版权意识，让公众真正了解版权、了解侵权盗版对社会的危害以及影响经济和文化发展的弊端，让公众发自内心认同版权保护的重要性，才有可能降低他们在学习、娱乐和工作中的侵犯版权的概率。因此，在某种程度上说，降低版权侵权风险需要在不断完善顶层设计的同时，做好公众版权意识培养这项"基础建设"工作。

三、公众版权意识培养的建议

公众版权意识的培养是一项系统工程，以往学界也多有研究和讨论，培养公众的版权意识也并非一朝一夕就能完成的工作，笔者结合近年开展版权服务工作的实践就该问题谈两点建议。

（一）以"接地气"的方式开展版权宣传工作

每年的 4 月 26 日是"世界知识产权日"，国家版权局发挥官方网站信息主渠道的作用，开通官方微博、微信及新闻客户端，举办版权执法培训班、软件正版化培训班。同时，国家版权局下发文件要求各级版权管理部门以"'4·26'知识产权宣传周"为契机开展宣传活动。据新闻宣传报道，宣传总体形式包括发放版权知识宣传材料、进行侵权盗版等非法出版物销毁、组织相应人群进行"拒绝盗版、支持正版"等口号宣誓、对查处重大侵权盗版案件曝光、展示版权保护工作成果等。

但在现实生活中，普通民众依然缺少通过直接参与创作、创新并获得切身的版权价值认知的机会。短期的版权宣传虽然可能提高公众的版权认知程度，但其认知程度并没有必然导致公众尊重版权的行为准则的提升，公众版权意识仍然比较薄弱。因此，笔者认为，政府职能部门和版权工作机构，应该通过"接地气"的方式向公众宣传版权，让公众在实际参与的过程中切实加深对版权的认识、理解和运用，感受到通过版权可以使其创造的作品的价值能够更好地实现和得到更好的保障。

广州市版权保护中心在近两年的版权宣传工作中积极进行尝试探索，例如 2015 年举办了"路·创意微视频有奖征集活动"，2016 年举办了以"挥动笔尖·重塑精彩"为主题的图文征集大赛，2017 年举办了"版辩羊城·权论新篇"的广州高校版权辩论赛。这些系列活动的特点在于时间的持续性和活动与版权元素密切结合。活动持续时间在 4 个月以上，从活动策划到举办期间和后续阶段同时注重持续做好版权知识点的线上线下宣传，扩大版权知识宣传的覆盖面。又例如，拍摄多部版权宣传片，在城市地铁、公交和政务楼宇以及图书馆等人流密集地轮播。宣传片的特点在于侧重体现版权与公众生活的密切以及文化艺术创作的艰辛，能让公众在较短时间内对"什么是版权"以及"版权和我的关系"有一个感性的认知。2017 年，广州市版权保护中心启动了以"创新改变生活"为主题的版权保护进校园的宣传活动，以中、小学生为目标人群，通过前期走访学校，调研了解不同学校的教学特色和活动计划，结合各学校的特点，采取版权知识展览进校园、版权知识讲座、现场参观讲解版权知识、对优秀学生作品予以版权登记以及版权热点问题辩论赛等方式开展宣传，同时还举办了少儿版权教育研讨会，与专家学者共同探讨学生版权意识培养的形式和方法。

同时，广州市版权保护中心还不失时机地参与到相关赛事中，开展版权宣传推广活动，例如在 2016 年为广州市非物质文化遗产中心承办的"绣美花城——广州非遗创意赛·广绣风"征集活动全程版权服务，包括作品征集版权规则、活动期间版权知识宣传普及以及参赛者版权问题解答等；2017 年 8 月与广东省文联等多家单位共同主办"2017 民艺+珠宝配饰创意创业大赛"，全程为该活动提供版权服务（例如参赛规则版权条款制定和版权登记服务）和在校园内进行版权知识宣讲。

通过一系列积极主动而又"接地气"的宣传方式，有效拓展了版权知识宣传的人群覆盖面，提高了相当一部分公众的版权意识。

（二）以版权登记的推广作为公众版权意识培养的手段

作品版权虽然在完成之时自动产生，但是"为维护作者和其他著作权人的合法权益，更有效解决因著作权归属造成的著作权纠纷，并为解决著作权纠纷提供初步证据"❶，国家版权局于1994年颁布了《作品自愿登记试行办法》。

根据国家版权局《关于2016年全国著作权登记情况的通报》表明："2016年，我国著作权登记总量达2007698件，突破了200万件大关，其中，作品登记1599597件、计算机软件著作权登记407774件、著作权质权登记327件，相比2015年的1641166件，同比增长22.33%。"❷ 作品著作权登记数量逐年增加，登记数量取得了很大的突破。版权登记量不断提高离不开国家对版权保护的力度不断加大，国家版权局通过鼓励创建全国版权示范城市、版权示范园区和版权示范单位，促进创建省市和单位的版权工作推进力度，在一定程度上大大提高了版权登记数量。有的省市近年实行作品著作权免费登记，例如安徽省❸、四川省❹。而广州市政府在2008年出台《广州市作品著作权

---

❶ 作品自愿登记试行办法（1994）[EB/OL].[2017-05-01]. http://www.ncac.gov.cn/chinacopyright/contents/481/17563.html.

❷ 关于2016年全国著作权登记情况的通报[EB/OL].（2017-02-17）[2017-04-15]. http://www.ncac.gov.cn/chinacopyright/contents/483/315265.html.

❸ 安徽省版权局关于实行作品版权免费登记的公告[EB/OL].（2016-07-11）[2017-04-15]. http://www.ahgd.gov.cn/web_content.php?id=14645.

❹ 四川省新闻出版广电局，四川省版权局. 四川省版权局关于实行作品著作权免费登记的公告[EB/OL].（2016-07-11）[2017-04-15]. http://www.scppa.gov.cn/bqgz/bqgzdt/201606/t20160607_25705.html.

登记政府资助办法》❶。由中国版权保护中心开展的计算机软件作品著作权登记从 2017 年 4 月 1 日起取消收费,实行免费登记。一系列政策都促进了版权登记工作的有效开展。

作品著作权登记虽然不是作品取得著作权的前提条件,办理版权登记也不代表作品必然不被侵权,但根据近年开展作品著作权登记工作的经验,笔者认为提高著作权人的版权意识,引导其主动办理著作权的登记有其必要性。正如中国版权保护中心副主任索来军在其专著中提到的,"通过著作权登记记载的有关作品创作和权利状态的原始信息和权利变动的信息,可以成为著作权人行使和维护权利时必要的初始证据,以及在权利发生冲突时提供判断的有效依据"。"著作权制度是著作权保护中不可或缺的基本制度。"❷

作品著作权登记工作作为版权职能部门的工作重点之一,其政策的宣传和推广很大程度上有赖于政府职能部门的宣传推广。因此政府职能部门和公共版权服务机构应对版权登记工作有更加清晰的定位,除了需要提高版权登记量之外,更应该将合理引导公众为作品办理版权登记的过程作为为公众解读著作权法相关法律法规、盗版侵权案例以及培养公众版权意识的途径。

由于著作权的取得与商标权和专利权不相同,是否登记不是取得权利的前提,自动取得权利的行为并不为权利人所了解。在许多职称评定、申报项目或奖励政策中多有例如"专利申请情况"的栏目,但是鲜有诸如"作品著作权登记情况"的栏目。实际上,对个人而言,日常的艺术创作活动中,通过办理作品著作权比通过取得专利证书来彰显个人的创新意识更为容易。因此,版权工作职能部门应该加大与其他职能部门的合作,将著作权工作引入相关申报申请项目的条件之一,逐步引起人们的重视。同时,除了常规宣传之外,还应通过主动与相关部门联系,将著作权作为各种文化艺术赛事(征文大赛、广告大赛、摄影比赛等)中提交、评选或者奖励的必备环节,从而

---

❶ 广州市文化广电新闻出版局. 广州市文化广电新闻出版局关于印发《广州市作品著作权登记政府资助办法》的通知(第二次修订版)[EB/OL].(2015-06-30)[2017-04-15]. http://www.xwgd.gov.cn/xwgd/2.1/201507/2cd9b59795de4f4fa745a4cbb5327191.shtml.

❷ 索来军. 著作权登记制度概论[M]. 北京:人民法院出版社,2015:3.

促进参赛者对著作权的认知，人们办理著作权登记或变更的过程，也是学习版权相关法律知识的过程，有助于提高版权意识。

人们每天不是在创造版权就是在享受版权成果，而版权侵权的风险也如影随形，国家除了通过完善法律、加大执法力度等方式降低版权侵权风险之外，还必须将版权宣传推广作为一项长期的、不能间断的工作去开展，只有将"版权"像广告植入电影电视剧一样，植入公众生活的各个角落，才能使版权相关知识在信息爆炸的时代里更好地进入公众视野，有效提高公众对版权的认知、理解和运用。政府职能部门和相关版权服务机构需要在"投资长、见效短"的版权宣传推广工作中，逐步培育公众的版权意识，让他们自觉运用、遵守和推行版权制度，为降低版权侵权风险、共同营造良好的版权保护氛围打下坚实基础。

文化产业无形资产评估与案例分析

刁俐颐[*]

一、文化产业的发展与无形资产评估

(一)文化产业发展趋势

近年来,我国文化产业始终保持着强劲的增长态势。2016年一季度,规模以上文化及相关产业企业实现营业收入16719亿元,比上年同期增长8.6%。增速比2015年全年提高1.7个百分点,继续保持较快增长势头。

同样在2017年一季度,我国新增企业只有1%,而文化企业新增长37%,远远超出其他企业增长速度。

文化及相关产业10个行业的营业收入均实现增长,文化服务产业快速增长。增速超过20%的共有4个行业,均属于文化服务产业(见表1)。

表1 文化服务产业2016年一季度营业收入增长状况

文化服务产业	2016年一季度营业收入增长
以"互联网+"为主要形式的文化信息传输服务	27.8%
文化艺术服务	25.0%
文化休闲娱乐服务	25.0%
广播电影电视服务	24.2%

---

[*] 刁俐颐:中都国脉(北京)资产评估有限公司广东分公司总经理,知识产权管理师,无形资产运营专家,国家版权贸易基地(越秀)维权专家委员会委员。常年参与重大无形资产评估项目的评审工作,对企业知识产权无形资产运营有独到的视角和策略,在近十年的评估工作中,先后在广东范围内主持过近百项各类无形资产评估工作,拥有丰富的理论和实践经验。

（二）文化产业无形资产的概述

文化企业，就是生产、经营和销售文化产品和服务的企业。包括了新闻出版发行服务企业、广播电视电影服务企业、文化艺术服务企业、文化信息传输服务企业、文化创意和设计服务企业、文化休闲娱乐服务企业和工艺美术品生产企业等。

文化企业无形资产，是指文化企业所拥有或者控制的，不具有实物形态，能够持续发挥作用并且带来经济利益的资源。文化企业生产经营的对象是文化产品和服务，其生产经营过程所依托的主要是无形资产。

（三）无形资产评估——政策指引

为弥补资产评估行业基本法的空白，中国于2006年成立《资产评估法》草案起草组，2012年2月份草案提交全国人民代表大会常务委员会首次审议，2013年8月份草案提交二审，2015年8月份提交三审。2016年7月份，草案四审通过。

2016年7月2日第十一届全国人民代表大会常务委员会第二十五次会议初次审议了《中华人民共和国资产评估法》。该法由第十二届全国人民代表大会常务委员会第二十一次会议审议通过，于2016年12月1日起施行。

为进一步规范与指导资产评估行业执行文化企业无形资产评估业务，维护社会公众利益和资产评估各方当事人的合法权益，在中共中央宣传部和财政部的组织和指导下，在科技部、商务部、文化部、人民银行、审计署、国资委、税务总局、工商总局、国家知识产权局、新闻出版广电总局、银监会、证监会、保监会等有关部门和单位的支持下，中国资产评估协会于2016年3月发布了《文化企业无形资产评估指导意见》，自2016年7月1日起施行。

二、无形资产评估的概述

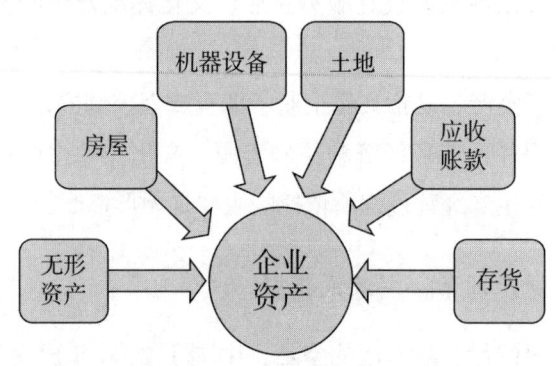

(一) 企业资产的构成

企业资产的构成如图 1 所示。

图 1　企业资产的构成

(二) 无形资产的类型

无形资产是指特定主体所控制的,不具有实物形态,对生产经营长期发挥作用且能带来经济利益的资源。无形资产的类型如图 2 所示。

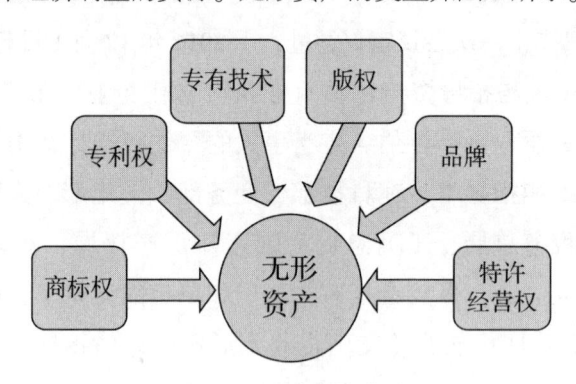

图 2　无形资产的类型

1. 商标权

商标是以区别商品和服务不同来源的商业性标志,由文字、图形、字母、数字、三维标志、颜色组合或者上述要素的组合构成。

商标无处不在，据统计人的一天平均会接触到172个商标。

2. 版权

能体现文化企业特点的，主要是版权。版权是最为主要的文化企业无形资产形式。版权包括复制权、发行权、出租权、展览权、表演权、放映权、广播权、信息网络传播权、摄制权、改编权、翻译权、汇编权以及版权人享有的其他财产权利。而版权保护的对象是作品，作品要求具有以下要求：①表达了一定的思想；②属于文学艺术领域；③具有独创性；④能以某种有形形式复制；⑤根据《著作权法》的规定，版权一般应当认为是归属作者本身的。

3. 专利权

发明创造人或其权利受让人，对特定的发明创造在一定期限内依法享有的独占实施权。包括：发明专利、实用新型专利和外观设计专利。

4. 专有技术

专有技术又称非专利技术——指未经公开也未申请专利保护、但在生产经营活动中已采用了的、不享有法律保护，但发明人通过有效保密措施加以垄断，具有实用价值和经济价值的各种技术和经验。包括：研究手段、生产方案、设计方法、工艺流程、技术图纸、技术规范、制造技术、操作技巧、材料配方、测试方法等。例如：可口可乐的配方自1886年在美国亚特兰大诞生以来，已保密达130年之久。

5. 特许经营权

经营权是权利当局授予个人或法人实体的一项特权。包括：法令特许，主要有专营权（专卖权）、经营权、生产许可证、资源性资产开采许可证；约定特许，包括独占许可、独家许可、普通许可。

特许经营权是特许人与被特许人约定授予被特许人在一定地区、一定期限内生产经营某项业务，或者使用某项版权、商标、专利、专有技术等资产，并且能够获取额外经济利益的权利。

6. 销售网络

销售网络是企业为了销售产品或者服务而与其他企业进行合作所建立的能够持续发挥作用并且带来经济利益的传播渠道。例如，文艺创作与表演企业通过与旅行社建立合作关系，从而提高客流量，则该企业可能存在销售网络无形资产。

销售网络是体现文化产业跨界特征最为明显的，也是文化企业经营特别倚重的一种无形资产。例如，万达集团在进入文化产业领域初期做的第一件事就是收购和建立电影院。近年来，很多电影制作企业非常注重与有实力的电影发行企业及电影院线建立战略联盟和多种形式的合作关系，积累的就是销售网络这种无形资产。还有很多文化企业专注于建设和运营自己的网站，加强与互联网企业的合作，同样是在提升自己销售网络的价值，以为企业创造更大的价值。

7. 客户关系

客户关系是企业与供应商、顾客等客户建立的能够持续发挥作用并且带来经济利益的往来关系。例如，新闻出版发行服务企业通过成立读书俱乐部，形成稳定的客户群，并获得收益，则该企业可能存在客户关系无形资产。客户关系这种无形资产，是文化企业经济收益的重要保障。文化企业无形资产当中需要重点厘清的是合同权益。在 2016 年 3 月《文化企业无形资产评估指导意见》发布之初，某媒体撰文称"范冰冰"们可以抵押了。需要明确的是，文化企业无形资产指的不是明星个人，而是与明星相关的合同权益。拥有市场号召力的明星是文化产品和文化企业经济利益的保证，合同权益是可以作为质押品去融资的。

8. 域名

域名是互联网上的一个服务器或者一个网络系统的名字，在世界范围内具有唯一性。企业在互联网上注册域名，可以成为宣传自己的产品和服务，并进行电子商务等商业活动的标志。域名和商标一样属于营销类的无形资产。

(三) 文化企业无形资产的特点

1. 文化企业的核心资产是无形资产

销售网络、客户关系、域名以及商誉往往都是独一无二的。文化企业的核心竞争力亦来源于无形资产的不断创新导致的不可模仿性和唯一性。

2. 文化企业无形资产的价值具有不确定性

文化企业无形资产的独创性和唯一性，使得评估时很难找到相似品作为价格参照，因此难以确定其市场价值。同时，文化企业无形资产的市场价值受宏观政策、新技术的发展、替代品的出现、市场接受程度等各个方面的影响而表现出较大程度的波动，从而造成了无形资产价值的不确定性。

(四) 文化企业无形资产独有的三个特征

文化企业无形资产的一些特征与其他类型企业无形资产的特征是完全一致的，比如非实物性、可辨识性、形式多样性。另外还有三个属于文化企业无形资产独有的特征。

1. 权属多样性

例如，前些年陈佩斯状告中央电视台侵权案就属于无形资产的权益之争。本案例的复杂在于表演者、电视台和影像制作方各有各的权益，并且都需要保护。表明了文化企业无形资产具有权属多元性特征。现在这个问题已经有了解决之道。电视台做一个节目，邀请表演者是要签协议的，在协议当中就所有权是谁的，使用权是谁的，使用的范围、使用的方式、使用的期限等，都要做出清晰的界定。

2. 价值积累性

文化企业无形资产随着时间的推移是可以增值的，其创造的价值有可能出现超乎寻常的增幅。例如，山东影视传媒集团在 2014 年投拍《琅琊榜》的时候，只花了很少的钱就从原作者手里买到了改编权，而据说现在这个作家的作品版权价格已经是当时的千倍以上。这就是文化企业无形资产价值的累积性。

3. 效益延伸性

文化企业追求社会效益和经济效益的统一，其文化产品所形成的社会效益是由内而外传导和波及的。文化产品是文化企业无形资产价值创造的成果，其蕴涵的是无形资产的核心内容，文化企业通过文化产品向外传播的实际上是其无形资产的衍生价值。

三、无形资产资本化应用

（一）无形资产评估的目的

无形资产评估的目的如图3所示。

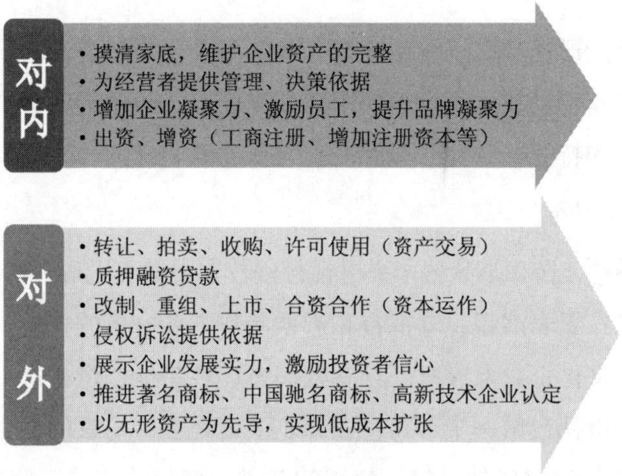

对内
- 摸清家底，维护企业资产的完整
- 为经营者提供管理、决策依据
- 增加企业凝聚力、激励员工，提升品牌凝聚力
- 出资、增资（工商注册、增加注册资本等）

对外
- 转让、拍卖、收购、许可使用（资产交易）
- 质押融资贷款
- 改制、重组、上市、合资合作（资本运作）
- 侵权诉讼提供依据
- 展示企业发展实力，激励投资者信心
- 推进著名商标、中国驰名商标、高新技术企业认定
- 以无形资产为先导，实现低成本扩张

图3　无形资产评估的目的

（二）无形资产评估主要方法

1. 收益法

收益法是一般情况下无形资产评估的首选方法，如专利、专有技术、商标、版权、植物新品种权、经营权以及企业整体价值等进行资产评估均首选

收益法。

（1）采用收益法需要具备三个基本要素：①专利产品未来预期收益可以预测并可以用货币计量（预期收益额）；②企业获得预期收益所承担的风险也可以预测并可以用货币计量（折现率）；③企业专利产品预期获利年限（收益期限）可以预测。

（2）要素取值与评估值的一般规律：①预期收益额越大，评估值越高；②折现率越大，评估值越低，反之越高；③获利年限（收益期限、经济寿命）越长，估值越高，反之越低。

2. 成本法

当某项技术尚处于早期研发阶段时，其结果具有强烈的不确定因素；或者某件商标注册后尚未投入使用，没有形成收益，会导致无形资产的经济收益很难确定，遵循谨慎保守原则，采用成本法更为合适。

3. 市场法

采用市场法需要满足两个最基本的条件：

（1）要有一个活跃的公开市场；

（2）公开市场上要有可比的资产及交易案例（参照物）。采用市场法评估的常见评估对象有：房地产、土地等。

（三）无形资产评估的影响因素

1. 影响无形资产评估价值的主要因素

影响无形资产评估价值的主要因素包括：

（1）无形资产权利的法律文件、权属有效性文件或者其他证明资料；

（2）无形资产特征和使用状况，历史沿革以及评估与交易情况；

（3）无形资产实施的地域范围、领域范围、获利能力与获利方式，无形资产是否能给权利人带来显著、持续的可辨识经济利益；

（4）无形资产的法定寿命和剩余经济寿命，无形资产的保护措施；

（5）无形资产实施过程中所受到相关法律法规或者其他限制，无形资产转让、许可使用、出资、质押等的可行性；

（6）类似无形资产的市场价格信息；

（7）其他相关信息。

2. 影响版权、版权价值的因素

（1）作品作者及其基本情况、创作形式题材类型、体裁特征、版权自愿登记；

（2）相关权利在时间、地域方面的限制以及质押、诉讼等方面的限制；

（3）作品的创作成本、费用支出、以往的评估和交易情况；

（4）版权权利维护方式、效果，历史维护成本费用的支出情况；

（5）相关行业政策和作品所在市场发展状况；

（6）作品的使用范围、市场需求、经济寿命、同类版权的竞争状况；

（7）作品使用、收益的可能性和方式；

（8）同类作品近期的市场交易及成交价格情况。

3. 影响分销渠道（网络销售）价值的因素

（1）分销渠道管理架构；

（2）分销渠道销售通路宽度；

（3）分销渠道销售通路长度；

（4）分销渠道销售渠道功能。

4. 影响文化企业无形资产评估价值的主要因素

（1）影响文化企业客户关系价值的主要因素包括：客户构成、消费偏好和消费能力、对企业的忠诚度等。

（2）影响文化企业特许经营权价值的主要因素包括：特许经营方式、许可经营期限与范围、许可双方权利与义务、许可费率以及支付方式等。

（3）影响以合同权益方式体现的文化企业人力资源的价值的主要因素包括：合同的合法性、公平性、服务期限、合同约定的激励措施、保密条款、竞业禁止条件等。

（4）影响文化企业域名价值的主要因素包括：域名的种类、网站的访问量、与该域名相关的业务发展情况、潜在的需求者等。

（5）影响文化企业商誉价值的主要因素包括：商誉的定义、形成方式和构成要素，重点关注企业是否存在优越的地理位置、高素质的专业团队、丰富的生产经营经验、科学而健全的管理制度、高效的组织机构、优质的产品和服务、积极的企业文化、良好的社会关系等。

（四）无形资产的变现

无形资产的变现中，成熟的产权市场是前提条件。无形资产的变现方式主要有三种：

（1）以自主的无形资产或技术出资入股使无形资产变现；

（2）将无形资产通过贸易方式或签订许可协议等形式进行直接转让；

（3）将无形资产进行质押，从而获得资金。

（五）无形资产出资、增资

1. 无形资产出资、增资的形式

（1）设立新公司；

（2）增加原公司注册资本；

（3）以企业现有无形资产实现对其他企业的技术投资。

2. 允许作为出（增）资的无形资产

专利权、专有技术、作品版权和计算机软件版权、商标权，不同省份和地区规定的范围有所不同，如山东不允许专有技术作为无形资产出资。

3. 作为出（增）资的无形资产的产权要求

（1）自然人或股东名下（出资、增资）；

（2）法人名下（对外投资）。

2014年3月1日，新《公司法》实施。不再限制股东的货币出资比例，企业注册时可以以实物、知识产权和土地使用权等非货币财产出资，同时非货币可以100%作为注册资本注资。

4. 无形资产出资、增资的说明

（1）出资物只能是所有权而不能是使用权（包含已拥有的使用权和接收的技术使用权）；

（2）出资人只能是专利权人，不能增加人也不能减人，非专利可以根据企业的股权架构方案设定出资人并且以文件的形式将产权固定下来；

（3）同一项无形资产不得对多个对象出资；

（4）评估结论与拟增资额要保持基本一致，不允许高值低入；

（5）外方技术出资：在所在国申请了专利权、而在中国未申请专利保护，只能以非专利形式出资并在出资前报外管局、商务局等审批机构备案；

（6）用于出资的技术与公司主业一致或具有关联性。

（六）无形资产的质押融资

1. 质押融资的意义

中小企业融资难问题已演变成一个世界性难题，随着世界金融环境的变化，特别是金融危机席卷全球，这一问题更成为各界关注的焦点。中小企业如何通过自主创新，走出融资困境，已为政府、金融机构、企业各界的广泛关注。引导企业采取包括无形资产质押在内的多种融资方式实现无形资产的市场价值，为中小企业融资开辟新路径，无疑将具有非常重要的现实意义。

2. 质押融资的定义

企业将其依法所有的无形资产质押给金融机构，从金融机构取得一定金额的信贷资金，并按期偿还贷款本息的一种授信业务。企业不履行或无法履行债务时，金融机构有权依照相关规定和合同约定，将该无形资产折价或者以拍卖变卖该资产的价款优先受偿。

建立知识产权风险补偿基金，是目前银行推动无形资产质押融资的最佳方式。

四、无形资产评估对文化产业发展的重要作用

文化企业拥有或控制的用于价值创造的资产除了实物资产，更主要的是无形资产，众多学者将无形资产看作文化企业的核心资产。文化产业的繁荣，离不开金融支持，文化企业版权的交易，离不开无形资产评估。同时无形资产评估有助于文化企业拓宽投融资渠道，对文化产业长期的健康发展也起到了引导作用。这种引导作用体现在鼓励文化企业专注于无形资产的积累，通过无形资产的积累提升企业的核心竞争力，这对于处于转型升级阶段的文化产业发展具有积极的促进作用。

探索中国保险行业与版权产业融合发展之路

谢嘉欣[*]

一、引言

近年来，我国版权产业的快速发展引起了社会各界的高度关注，如何有效地进行版权保护、预防版权侵权；如何推进IP资源的创造、孵化、运用、管理等问题，成为了公众认识中尤为重要的研究问题。诚然，目前国内已对上述问题有了相当一部分优秀的探索成果，但随之而来也衍生出其他一系列的问题。

影响版权产业发展的因素并非是单一的、一成不变的，它应该具有多样性、发展和衍生性的。单纯的制度与法已无法简单地解释当前版权产业发展的需求问题，人文、社会、经济等因素也同时制约且推动着版权产业的发展。

因此，本文主要是通过分析保险行业对版权产业发展的影响力，结合现有的经验成果，提出一些笔者认为具有思考价值的问题与观点。

二、中国版权产业与保险行业发展的相似性分析

在过去30多年里，中国保险业从一个几乎不存在的行业发展成巨大的开放产业，很少人知道它曾经有过这么一段崎岖的发展之路：1958年12月，全

---

[*] 谢嘉欣：广州市华南版权贸易股份有限公司市场部主管。

国财政会议正式决定全面停办国内保险业务；1978年年底，中共十一届三中全会召开，将经济体制改革和经济建设作为中国发展的首要主题，由中国人民银行管理的国家金融体系应运而生；在新经济体制改革开放的背景下，1979年11月19日，中国人民银行在北京召开了全国保险工作会议。至此，中国保险业务才结束了长达20多年的"停办期"，正式开始复业。

中国保险业的起源[1]可以追溯到1685年，清政府开放海禁，广州是中国最早且唯一的通商口岸。因海运贸易的发展，商人迫切需要现代保险业来分散和降低海运风险，广州便成了中国保险业的发源地。1801年，广州出现了第一个由外国人开设的暂时性保险联合体——临时承保协会，这是广州近现代保险业的发端。随后，1805年中国第一家保险公司——谏当保安行（Canton Insurance Society）在广州十三行诞生。鸦片战争后，保险行业才推广到了上海、天津等地。

再看我国版权产业发展之路。中国第一部《著作权法》颁布于1990年9月7日。我国版权立法史至今仅有20多年，先后经历过两次修正：一是2001年10月27日，在第九届全国人大常委会第二十四次会议上，中国以加入WTO为契机，对我国《著作权法》进行的第一次系统修正；二是2010年2月16日，在第十一届全国人大常委会第十三次会议上，受中美WTO贸易纠纷裁决等因素的影响，我国《著作权法》进行的第二次小范围的修正，两次修正均与WTO有关，而非基于当时中国国情。

期间，国务院相继颁布实施了《著作权法实施条例》《计算机软件保护条例》《著作权集体管理条例》和《信息网络传播权保护条例》，1997年修订的《刑法》也收纳了著作权犯罪的内容。

诚然，我国出台的多个司法解释及法律条文，在一定程度上缓和了立法与司法之间的矛盾，规范了部分制度法规的使用办法，以及约束了版权侵权行为，但并不能满足当前的社会现实和发展趋势。

纵观我国版权产业与保险行业的发展，中国保险业百年发展史，仍处在

---

[1] 保险业史：中国第一家保险公司1805年成立［EB/OL］．［2017-11-04］．http://insurance.jrj.com.cn/2014/03/13111916859032-c.shtml.

重要的转型时期，现阶段国内的保险市场与 19 世纪美国的保险市场非常相似；中国版权产业 20 多年立法史，也处在重要的转型时期，正奋力向美、英、日等版权产业活跃、发达的国家追赶。有趣的是，当前国内保险环境与版权环境如出一辙，均存在让人诟病的地方，具体体现在公众的信任度不高、认识不到位。

当前国内在版权与保险领域不少的研究方向与成果，尽管都是基于我国国情以及新时代发展趋势所提出的，但其中不难发现有许多相似相识的经验的影子。

综上，我国版权产业与保险行业，均有起步晚、起点低、模仿度高的特点，但随着版权产业的飞速发展，创新与改革的必然性、重要性已日趋显现，在发掘问题及提出独树一帜的观点与理论上应有新的考量。

三、以"完片保险"为例浅谈中国版权产业与保险行业"紧张"的发展关系

2015 年 4 月 22 日，平安保险与中央新影集团在北京签署战略合作协议，正式开启双方在"完片保险"领域的合作，国内首个"完片保险"问世。

完片保险又称"完片担保[1]"，最早出现在 20 世纪 50 年代初好莱坞片场，其作用是担保一部电影或电视制作能够按照剧本预定时限及预算拍摄完成，并送交发行方。完片保险区别于传统的保险产品，完片保险处理的并不是简单的保险人与被保险人的关系，它是一种以完片保险公司作为担保人，向投资人担保制片人"履约能力"的一种保证，而这种"履约能力"仅需达到上述提到的两个要求，一是按时，二是不超支。

因此，完片保险并不需要保证一部影片的盈利能力。如果影片无法按期完成，完片保险公司将接手影片制作并按承诺的保额赔偿给投资人；如果影片预算超支，则由完片保险公司垫支超出费用，完片保险公司可在影片发行产生收益后，优先获得垫支超出预算费用的补偿。

---

[1] 完片担保 [EB/OL]．[2017-11-04]．http：//baike.baidu.com/item/完片担保/5324739？fr=aladdin．

这也就意味着，完片保险公司在提供完片保险的过程中，必须具有非常高要求的专业能力，不仅要深入到影片制作的各个流程，熟悉每个环节的处理办法与步骤，更要从影片的准备、制作、收尾、发行环节前进行极为苛刻的审查与监控，必要时还要具备能力充当一名称职的"接盘侠"。可以说，掣肘中国完片保险发展的因素多种多样，极为严重的因素之一就是版权。

一部影片的制作会涉及许多方面的版权问题。我国现行《著作权法》第15条明确规定："电影作品和以类似摄制电影的方法创作的作品的著作权由制片者享有，但编剧、导演、摄影、作词、作曲等作者享有署名权，并有权按照与制片者签订的合同获得报酬。"且看关于著作权保护的国际条约——《保护文学和艺术作品伯尔尼公约》第15条第2款规定："以通常方式在电影作品上署名的自然人或法人，除非有相反的证据，即假定为该作品的制片人。❶"

可见，影视作品的著作权权属本应不存在争议，但现实情况中，因我国法律对"制片人"的定义和界限不明晰，以及署名内容的不规范，导致发生版权纠纷时，法院对权利人责任的判定存在较大的差异。

因此，完片保险公司在处理"制片人"与投资人关系的过程中，往往很容易牵涉到利益与权属的纠纷。只有在具备健全的版权产业链条以及完善的版权综合服务的条件下，才能对版权进行有效的管理、运用、保护，有力度地解决这一难题。同时，保险业亦可渗透到版权产业链条的各个方面，二者相互促进，发展共赢。

但显然，在当前国内环境下，完片保险公司并不具备专业的版权管理能力，或版权管理能力较弱，它们需要寻求第三方的合作机构支持运作。如此一来，中国版权产业与保险行业"紧张"的发展关系便凸显出来。

举一个浅显的例子，$0.9 \times 0.9 = 0.81$。中国版权产业的发展正处在探索创新阶段，国内保险行业也处在发展上升阶段，两者均未能完全摆脱发达国家制度与模式的影响，它们仍在借鉴与模仿，并且短板效应将在两者"紧张"的发展

---

❶ 保护文学和艺术作品伯尔尼公约（3）[EB/OL].[2017-11-04]. http://ip.people.com.cn/GB/11178628.html.

关系中体现得淋漓尽致，它们的发展曲线会更倾向于发展弱势的一方。

四、从"版权—保险"的相似性与发展关系中引发的思考

诚然，无论是版权产业还是保险行业，二者在当前的环境中仍存在非常大的发展空间，且潜力巨大，这种潜力本身带有"两面性"，如能有效地发挥并利用，便可称之为"实力"；否则，它将只能持久地被含蓄地定义为"潜力"。

因版权产业与保险行业之间的相似性，那么，版权产业发展是否能够从保险行业的发展趋势中获取一些有价值的探索经验呢？

笔者认为，是可以的。

首先，未来保险行业将逐步形成"混业经营❶"。真正的混业经营，是指在风险控制的原则下实现资源共享。而促使"混业经营"局面的形成，金融全球化是最重要的因素之一。而"暴露"在经济全球化下的我国版权产业，在日益加剧的竞争压力下，其经营方式更需要创新和改革，版权产业的跨行业合作将成为新常态。

其次，近年来，保险市场从分业经营模式逐步向混业经营模式发展，为适应这种新型经营方式，解决发展过程中产生的问题及新的需求，各国保险监管机构普遍放松了对保险公司及投保人双方过多的干预，同时也放宽了对保险行业业务范围的严格控制，加上日渐透明的保险信息公开披露制度，保险市场自由化程度日渐加深，保险监管体制与法规亦在与时俱进。

同理，为推进我国版权产业的跨行业合作，拓宽交易服务渠道，形成庞大的全产业链，过去的版权法制体制也需顺应时代趋势，满足发展需求，做出新的、符合我国政治、经济、国情发展的修订与补充，完善具体的实施细

---

❶ 混业经营 [EB/OL]. [2017-11-04]. http://baike.baidu.com/item/混业经营/3243711?fr=aladdin.

"混业经营"广义的概念：它是指所有金融行业之间的经营关系，金融混业经营即银行、保险、证券、信托机构等金融机构都可以进入上述任一业务领域甚至非金融领域，进行业务多元化经营。

则，如对于版权侵权行为的认定标准与处罚方式❶上，应有更明晰的解释。在一定程度上放宽对版权产业业务范围的管控，同时加大力度惩处一切版权侵权行为，形成"放宽—约束"共存的、相辅相成的稳态环境。

最后，也是本文中最重要的一点，为了适应新经济发展需求，更为了增强市场竞争力，未来保险产品的多样化是必然的，版权产业所能提供的服务与产品走向多样化也是必然的。

传统单一的版权登记服务将无法解决新的需求问题，它需要具有更大的弹性、灵活性、创新性，以满足原创者以及版权投资方、购买方的需求。

因此，基于对当前我国版权产业发展现状的思考，结合上述提到的种种问题，为凸显版权的合法性、原创性、营利性，笔者希望提出一个大胆的设想——原创担保（保险）。

随着经济全球化以及互联网技术的飞跃发展，信息传播的方式与范围已逐渐打破了区域壁垒，国际上的交易能力也突破了地域界限，版权经济价值被不断挖掘、提升，成本低廉却收益甚高的版权侵权行为被不断复制、衍生、模仿、借鉴。泛滥成灾的版权侵权行为极大地打击了原创者的创作热情，"高级抄"成了人人喊打的过街老鼠，但人们对这种恶劣行径又无可奈何，甚至市场上一些抄袭、高度借鉴的 IP，比原创作品"活得更好"，且不乏为了"炒热度"做出攻击原创者及其作品的行为。

为有效地遏制这种版权侵权行为的多发与再生，如能将版权产业与保险行业相结合，设计出一套既能保障原创者权益又能坚定投资者投资信心的办法，将为营造风清气正的版权环境提供切实有力的支撑。

故笔者在此提出"原创担保"的设想，并非幻想，更非妄想。其可行性在于它能为投资人提供该作品为原创作品的保证，且能帮助原创者根据需求获得原创担保，从而吸引投资者投资或交易，建立信任平衡。最理想的设想

---

❶ 我国《著作权法》第 48 条规定："侵犯著作权或者与著作权有关的权利的，侵权人应当按照权利人的实际损失给予赔偿；实际损失难以计算的，可以按照侵权人的违法所得给予赔偿。赔偿数额还应当包括权利人为制止侵权行为所支付的合理开支。权利人的实际损失或者侵权人的违法所得不能确定的，由人民法院根据侵权行为的情节，判决给予 50 万元以下的赔偿。"

状态是，对不能取得原创担保的作品，不予在市场上交易流通，且由专业机构进一步核实其"原创状态"，经认定版权侵权的，即刻对侵权者进行严厉惩处，以清洁创作环境，坚定创作者的自信与信心。

而实现原创担保的难点，在于它的评估、监督以及政策支持。因此，我们必须拥有非常专业的评估—监督队伍，必要时借助公众的力量与资源，全面覆盖链接社会外部资源，鼓励公众参与评审、积极举证，再由资深的律所、机构对收集的数据进行分析判定，给出书面证明，并提倡建立透明的公示制度，形成健康、优化的版权产业生态体系。

五、结语

诚然，当前我国版权产业势头强劲，但依然难以避免因版权侵权泛滥所导致的公众信心缺失。未来版权产业的改革、发展与创新势在必行，影响版权产业发展的因素有许多，此刻正是亟须集结凝聚多方力量与智慧的时候，同时也应正视保险行业对版权产业的影响程度及重要性，从多角度思考，促进两者融合发展，探索和实践先进经验和办法。

第三篇

版权维权途径及实践

IP 生命周期不同阶段的版权维权策略分析

彭颖诗[*]

2015 年，被称为中国的"IP 元年"。所谓 IP，原意为"知识产权"（Intellectual Property），在当前文化产业中，延伸成为指适合二次或多次改编开发的影视文学、游戏动漫等作品，本质上是以版权为核心的商业品牌载体。

版权资产是文化产品与服务的价值载体，是文化资源资产化、产业化的关键要素，是人类智力创新成果的重要内容和知识产权的重要组成部分，它作为具有财富属性、产品属性和高附加值属性的重要生产要素和基本资源，支撑着新闻出版、广播影视、文学艺术、文化娱乐、广告设计、工艺美术、计算机软件、信息网络等数量众多的产业群。

版权产业的发展情况，很大程度反映在版权产品的生产和销售情况中。目前，版权侵权盗版行为是公认的阻碍我国版权产业发展的重要因素。法制建设滞后，侵权成本低，维权成本高，造成盗版等侵权问题日益升级，给创新者造成了直接的经济损失，不利于版权产业结构优化和长远发展。

从经济学角度，以版权资产为本质的 IP 作为消费产品中的特殊类别，具有明显的网络外部性[①]，衍生和传播都有助于延长 IP 和相关产品的生命周期，

---

[*] 彭颖诗：广州市华南版权贸易股份有限公司市场部总监。

[①] 网络外部性 [EB/OL]. [2014-11-05]. https://baike.baidu.com/item/%E7%BD%91%E7%BB%9C%E5%A4%96%E9%83%A8%E6%80%A7/5727663?fr=aladdin. 网络外部性是新经济中的重要概念，是指连接到一个网络的价值，取决于已经连接到该网络的其他人的数量。通俗地说就是每个用户从使用某产品中得到的效用，与用户的总数量有关。用户人数越多，每个用户得到的效用就越高，网络中每个人的价值被网络中其他人的数量所影响。这也就意味着网络用户数量的增长，将会带动用户总所得效用的平方级增长。

实现其经济价值的爆发性增长。但同时，盗版也是一种特殊的传播途径。由于 IP 的文化特点，盗版者虽然是从个人利益为出发的，但其实际效果却起到传播的社会作用。

联合国科技促进发展委员会和 OECD（1999）主张的知识产权"强保护理论"认为，知识创新者对知识产权绝对排他性的占有是创新和发展的核心，任何社会只有完全杜绝盗版，赋予知识产权绝对的私有产权，才能实现社会进步。但是，以"弱保护理论"为基础，Lanjouw 和 Cockburn 等（2001）主张的"半公共品论"却提出，知识及其创新是人类文明发展的集体产物，将知识产权简单地界定为创新者的私有权利不利于人类知识的传播、知识的融合以及进一步创新，盗版不应当被视为侵权而加以完全禁止。

IP 运营者面临着加强版权保护和鼓励版权传播的决策矛盾：如果不采取版权维权措施，那么企业前期高昂的研发成本和产品价值将会迅速被盗版及模仿者消耗；反之，如果版权被不顾一切地强化，在排斥盗版和模仿者的同时，又限制了市场的发展及产品持续衍生的道路。

综上所述，版权维权力度和版权传播的利益平衡，一直是一个有争议的问题。是应该不顾一切坚持侵权打击高力度，还是为了激发版权产品活力，适当容忍盗版的存在？在企业经营策略中，实施版权维权策略有否存在一个利益平衡点？版权及其衍生产品具有特殊的生命周期特点，在不同的阶段采取的版权维权策略是否应该有所调整？版权保护策略是否可以成为企业的一种市场营销策略？

一、IP 的特殊生命周期特征

（一）IP 的时效性

IP 的核心是版权，版权作为知识产权，在法律保护上具有时效性，即法定保护期限。在法律规定的期限内，作品受著作权法保护；期限届满，版权权利丧失，作品进入公有领域。从法律上直接规定版权的保护期，保护了版权人的人身权利和财产权利，同时满足社会公众的精神需求，这也是版权法律制度建立的出发点。

但如果从市场的角度出发，就会发现，其实大多数的 IP 远未等到其版权保护期结束，就已经"过气"，消失于市场了。因此，IP 的时效性，不仅是指版权的法律保护期限，关键应当关注版权在市场上的活跃期限。由此，笔者想从经济学的角度去看待版权的时效性问题，即"IP 的生命周期"。

（二）IP 的生命周期特征

产品生命周期理论是美国哈佛大学教授雷蒙德·弗农（Raymond Vernon）1966 年在其《产品周期中的国际投资与国际贸易》一文中首次提出的。产品生命周期（Product Life Cycle，PLC），是产品的市场寿命，即一种新产品从开始进入市场到被市场淘汰的整个过程。弗农认为：产品生命是指产品的营销生命，产品和人的生命一样，要经历一个开发、引进、成长、成熟、衰退的阶段。

产品生命周期作为一种成熟的营销理论，已经被各行各业广泛采用，有助于企业制定产品策略和营销策略。绝大部分传统实体产品生命周期曲线都可以描述为 S 型（见图 1）：在产品开发期间该产品销售额为零，公司投资不断增加；在引进期，销售缓慢，初期通常利润偏低或为负数；在成长期销售快速增长，利润也显著增加；在成熟期利润在达到顶点后逐渐走下坡路；在衰退期间产品销售量显著衰退，利润也大幅度滑落。

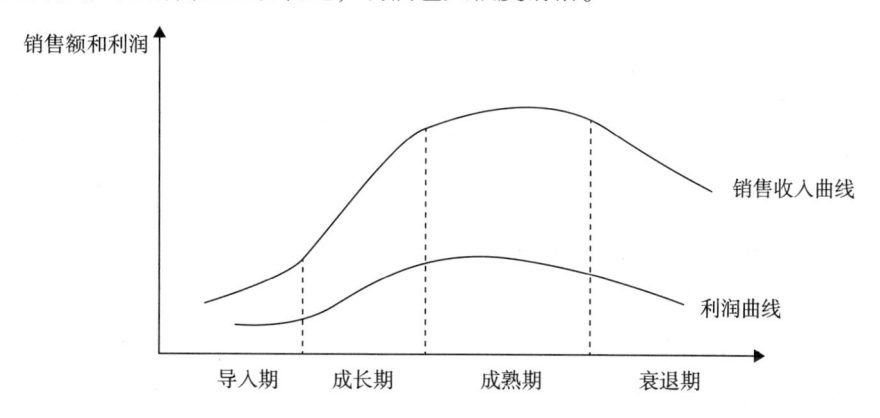

图 1　S 型产品生命周期曲线

在市场经济中，IP 也可以看作一种特殊的产品。笔者认为，IP 这一特殊产品的生命周期曲线不符合一般的 S 型规律，更加接近扇贝型生命周期曲线的特征（见图 2）。扇贝型产品生命周期曲线主要指产品生命周期不断地延伸再延伸，在经历了一个衰退期，甚至在成熟期的晚期时，因为产品的创新或发现新的用途而转入新的成长期。

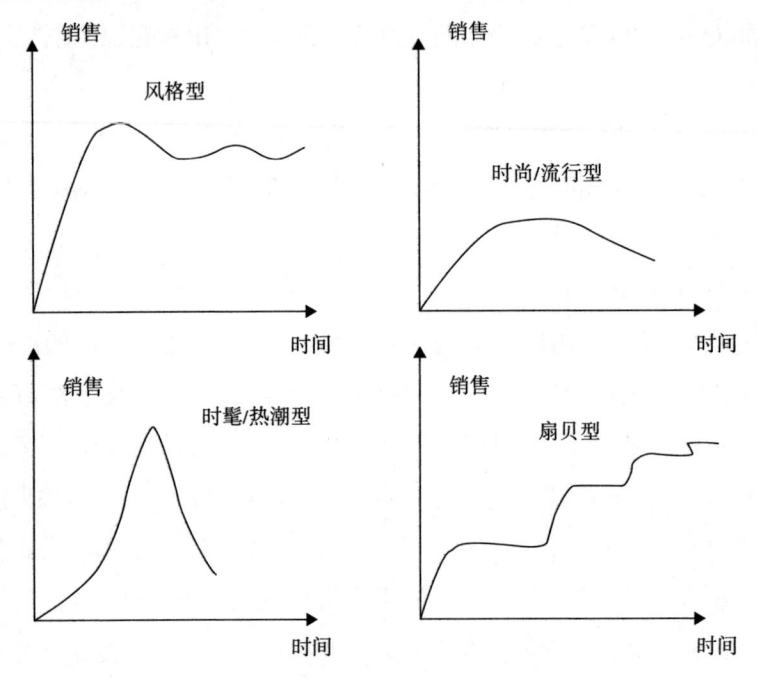

图 2　四种特殊的生命周期曲线

版权因为其无形资产的特性，可以摆脱单一产品的生命周期的禁锢。

为了实现产品的多元开发、多次售卖，版权的生命周期中，添加原作品的改编、衍生品的再生产、开发周边产品、跨界转变等再生环节，通过不断拓展产品的运营空间来实现双重效益的最大化，延长版权的生命周期，甚至让其进入理想的不断延伸的扇贝型曲线。然而在现实的版权产业运作中，我国版权产业的链条非常短，绝大部分的版权产品只完成了从生产到售卖的一次性开发、一次性赢利。

以当下非常火的手游行业为例，2016 年中国移动游戏市场规模达到 819 亿元，首次超过端游的 583 亿元，发展态势极好，成为社会公认的吸金行业。手游领域从来不缺少 IP，然而 IP 存活周期较短，一旦粉丝效应消失，手游就会出现急剧降温的现象。

根据 2014 年的海外手游生命周期调查报告显示，中国在 APPSTORE 平台上的游戏平均生命周期仅 7.3 个月，仅有 25% 游戏生命周期超过 12 个月。

而 2017 年移动互联网市场研究公司 App Annie 的报告也显示，移动游戏从发布到成熟期的步伐加快，平均来说在发布 17 个星期后，就已经开发了 90% 的潜在用户，没有更多的耕耘空间。

而跨界内容运营，也是 IP 具有长期生命力和商业价值的有效方式，甚至是延长 IP 生命周期，让生命周期曲线从 S 型转向扇贝型的重要拐点。以影视行业为例，在全球票房中，单一 IP 累计票房最高的均为系列作品，票房最高的 IP 中 70% 是动漫改编。每年好莱坞超级英雄系列电影数量只占 10%，却创造了 80% 的利润。除漫画改编电影获得成功之外，好莱坞的 IP 在游戏和衍生品方面也创造了巨大利润，这也印证了 IP 跨媒介内容运营的重要性。

二、IP 生命周期不同阶段的版权维权策略

在产品生命周期理论中，最关键的两个阶段是成长期和成熟期。因为成长期是产品攻占市场和快速发展的时期，成熟期是产品获得最稳定的峰值收入的时期，都是产品经济价值的"黄金时间"。而 IP 作为一种特殊的商品，从创作、引入市场、运营、应用、衍生直到衰落，同样必经"成长期"和"成熟期"。因此，本文对于 IP 生命周期不同阶段的维权策略，主要讨论"成长期"和"成熟期"两个阶段。

（一）成长期——打击与授权并行，多手段、分阶段正版化策略

处于成长期的 IP，经过之前的创作开发和市场积累，IP 开始产生知名度和影响力，吸引大量的新消费者，市场逐步扩大。可变现的 IP 衍生产品大批量生产，销售额迅速上升，利润也迅速增长。竞争者看到有利可图，纷纷进入市场参与竞争，使同类产品供给量增加，价格随之下降，企业利润增长速度逐步减慢，最后达到生命周期利润的最高点。

笔者认为，在此阶段，运营者应当专注于 IP 的经营和授权，采取相对"温和"的打击力度。原因有二：一是成长期是 IP 占领市场和变现的关键时期，应当利用 IP 的影响力和热度，通过授权和衍生开发，尽快巩固 IP 的市场地位和为公司增加利润；二是盗版渐次出现，盗版给正版商家带来损失，但由于处于成长期的 IP 已经有了一定的公众知名度，在某种意义上，盗版也是对于 IP 的一种传播。

微软（Microsoft Corporation.）进入中国市场的历程，是以"反盗版"作为占领市场的营销策略的经典案例。

微软在中国市场的默许盗版市场策略，无疑是有效的，但笔者并不认同微软的做法，也不认为这值得企业去借鉴。微软这种以纵容盗版蔓延为市场占领手段的策略，目的是凭借其强大的技术优势和推广力量，通过用户惯性使微软产品在中国市场形成垄断地位。但是微软的反盗版营销策略是一把双刃剑，为微软带来大量收入的同时也带来了很多负面的影响。首先是对于盗版的放纵，中国市场的盗版率依然很高，并且由于正版化不足，让盗版商和不法分子有可乘之机，间接滋生通过盗版软件传播的恶意软件和有害代码，危害到网络安全环境。其次，微软后来"收网"采取激烈的反盗版行动，尤其是 2008 年的"黑屏事件"[1]，在国内引起轩然大波，甚至因涉嫌不正当竞争，引来政府的关注和介入。微软从此在消费者印象中留下"强权霸道"的印象，对微软的品牌带来长久的负面影响。

因此，在 IP 成长期，笔者提议的相对"温和"的维权打击力度，不等于放任侵权盗版，而是谋求多手段、分阶段正版化。维权打击是手段，不是目的，最终的目的是更好地发挥 IP 的商业价值，为 IP 运营者带来更多的利润。使打击与授权并行，利用维权调解去促进 IP 正版授权，通过"分期付款"

---

[1] 微软"黑屏事件"［EB/OL］.［2017-11-05］. https：//baike.baidu.com/item/%E5%BE%AE%E8%BD%AF%E9%BB%91%E5%B1%8F/6880858？fr=aladdin. 2008 年 10 月 20 日起微软在中国推出两个重要更新——Windows 正版增值计划通知（简称 WGA）和 Office 正版增值计划通知（简称 OGA）。届时，盗版 XP 专业版用户的桌面背景每隔 1 小时将被换成纯黑色，盗版 Office 用户软件上将被永久添加视觉标记。国内用户对微软"黑屏"的做法反应强烈。

"补充授权"等形式，变"堵"为"疏"，鼓励运用版权，将侵权者转化为合法授权者。当然，"和气生财"是理想状态，如果遇到影响恶劣的侵权人，必须狠抓典型，以儆效尤。

（二）成熟期——采用强打击力度，并为下阶段的衍生和转型做准备

当IP进入成熟期，此时市场成长趋势减缓或饱和，产品已被大多数潜在消费者所接受，利润在达到顶点后逐渐走下坡路。此时市场竞争激烈，IP运营者为保持产品地位需投入大量的营销费用。成熟期是提升IP相关收入的黄金时期，同时也是对IP整体生命周期影响最大的时期，IP成熟期的稳定意味着延长整体IP生命周期和总收入。

在IP进入成熟期，意味着此IP已经开发了大部分的潜在消费者，形成了广泛知名度，盗版所带来的传播效应基本上可以忽略不计了，但劣质侵权盗版产品将会影响到IP正版产品的口碑和消费者体验。笔者认为，此时认为应当对于侵权盗版行为采用强硬的打击力度，保障正版产品的销售利益。同时，维权不应当仅靠运营方一己之力，配合政府工作和结合行业协会力量形成合力，才能更有效地维权。

在投入成本打击侵权的同时，IP运营方也应该考虑跨界合作谈判，为IP下阶段的衍生和转型做准备，开拓更广阔的受众空间。

三、结语

笔者认为，版权维权是手段不是目的，其实最重要的是要让正版迅速占领市场，让交易引领市场。版权维权策略应当作为市场竞争的手段之一，纳入IP运营的市场竞争策略框架内，并在其生命周期各阶段实行不同的维权策略。

版权的保护之路，是漫长的荆棘之路，但又是走向长久健康发展的必经之路。发挥版权的更大价值，为整个产业链带来赢利，都必须建立在版权保护上。而版权保护不仅仅是在被侵权后的维权及诉讼措施，版权保护工作应

该是一项主动而为的工作，在被侵权之前，就开展版权登记确权、盗版检测、规范授权等主动防范措施。

希望 IP 运营者更好地开发版权、经营版权，改变被动维权的局面，掌握版权保护的主动权，让 IP 保持长久的生命力。

版权纠纷调解的探索与思考

——以上海版权纠纷调解中心为样本

韩晓永[*]

随着版权及版权产业的蓬勃发展，也相应带来了更多问题，版权侵权导致纠纷增多，特别是互联网环境下的数字作品版权问题的严重性、普遍性、复杂性导致版权网络侵权日益复杂和频繁，而社会整体维权能力在法律和技术层面并不强，版权纠纷解决机制主要集中为诉讼和仲裁，而这两种纠纷解决机制受限于法院系统和仲裁机构的规模和必须遵守的相关程序规则，解决方式相对单一，因程序原因而耗费时间长，大量的版权纠纷特别是新型网络侵权案件不能及时得到合理解决，导致很多版权权利人的合法权益不能得到合理的维护，这个问题已经成为制约版权及版权产业发展的机制性瓶颈。所以，加强版权保护制度创新，必须创设高效、中立、公信的多元版权纠纷解决机制。

---

[*] 韩晓永：上海大学宪法与行政法学专业知识产权方向硕士研究生，现从事文化市场行政执法工作，国家版权贸易基地（越秀）维权专家委员会委员。曾供职上海版权纠纷调解中心、上海市中小企业知识产权服务有限公司等单位，参与上海版权纠纷调解中心的筹建和运作，并任调解中心的首任专职调解员和法务专员，成功调解和维权版权纠纷多起，为多家企业做过知识产权尽职调查和风控方案、运营战略咨询等，多年在大学讲授知识产权法等法学课程及举办多起企业版权讲座，主导架构和运营上海版权综合信息网，曾任《上海版权》刊物责任编辑，参与知识产权有关科研课题多项，撰写多篇知识产权/法学论文，《法治周末》专栏作者，参与多项有关知识产权规划、评估、交易、调解等规则/办法的制定和修改。

一、上海版权纠纷调解中心的成立背景及定位

2008年7月16日，原新闻出版总署、上海市政府达成了共建"张江数字出版基地"的合作方案，由部市共同搭建上海版权公共服务平台。这个平台的建设为上海完善版权纠纷解决机制，成立版权纠纷调解机构提供了发展的契机。2010年，经上海市版权局批准，上海市版权协会依托2008年部市合作方案，整合现有版权纠纷解决的资源，广泛吸收版权纠纷解决的丰富经验，通过大量的调查研究，征询专家学者意见，决定成立上海版权纠纷调解中心，打造版权公共服务平台，具体由上海版权服务中心负责实施。

上海版权纠纷调解中心作为上海版权服务中心的组成部分，首先建立了一个由上海知名的法律专家、版权专家及社会各界人士组成的社会认可度比较高的版权纠纷调解专家库，受理权利人的版权纠纷，为权利人及各利害关系人提供非营利性的公共服务。在定位上，上海版权纠纷调解中心以探索版权纠纷解决机制，搭建公共服务平台，为权利人提供更便利的权利救济手段为目标，通过制定和实施有一定公信力的版权纠纷调解规则，建立版权纠纷调解专家库，由版权专业人士帮助各当事人界定权利、厘清责任，团结广大版权作品创作者、传播者、使用者，鼓励版权人及利害关系人通过纠纷调解机制止争息讼，实现供需良性互动、理性沟通，为当事人提供和谐解决矛盾的便利通道，开展各类版权合同违约和侵权纠纷的调解服务。通过提供版权纠纷调解服务，强化和延伸政府的版权公共服务职能，实现解决版权纠纷的各种资源共享、优势互补，满足版权产业链中各个群体对版权信息资源的服务需求。

在方案设计和后来的运营中，中心业务范围主要包括以下几个方面：(1) 版权纠纷调解中心全日开通免费咨询热线，免费为市民提供日常版权纠纷实务服务；(2) 中心依据科学可行的版权调解规则，为社会需求群体提供版权纠纷调解专家库，在中心的组织下，由调解专家在双方自愿的前提下进行版权纠纷调解，并逐步探索网上调解模式，在技术及其他条件成熟的情况下进行网

上和线下调解同时开通的模式，为权利人提供更便捷的解决纠纷的途径；（3）充分调查社会对于版权调解的需求，积极宣传采用调解方式解决问题的必要性，针对现实中对于采用调解方式解决问题有迫切需求的群体和领域开展版权纠纷调解公共服务，与仲裁、诉讼、行政等几种途径互相影响和作用，共同为权利人提供丰富的解决方案；（4）中心积极与仲裁机构、审判机构、高校、律师事务所进行联动，为权利人维权打造全方位公共服务体系，通过联动的宣传进一步加强社会对于版权纠纷调解方式的认识；（5）开展版权司法认定服务、版权权属认证服务，完善版权调解模式在社会中的应用。

二、上海版权纠纷调解中心结构及运营模式

2010年，上海版权纠纷调解中心成立之后，运营工作思路明确：第一，在政府的支持下，统筹各方力量，加强版权纠纷调解中心的宣传，激活上海市版权协会的相关资源，首先得到会员单位和服务企业的认同，利用媒体和相关平台宣传版权纠纷调解中心。第二，联系法院、仲裁机构、专家学者，就版权纠纷调解达成协作机制，进一步明确上海版权纠纷调解中心调解与法院及其他组织的调解的区别在何处。最后，组织专家制定调解规则以及相应相关的操作流程。

上海版权纠纷调解中心成立之初，已对版权领域的调解服务现状特别是上海的版权纠纷调解作了大量的调查研究，在充分借鉴已有调解规则的基础上，拟定了《上海版版权纠纷调解中心调解规则》《上海版版权纠纷调解中心调解员守则》《上海版版权纠纷调解中心章程》《上海版权纠纷调解中心调解与法院诉讼衔接办法》《上海版权纠纷调解中心服务指南》等具体操作规范，同时组建了上海版权纠纷调解中心专家库，在具体运营中，与上海市仲裁委员会、华东政法大学知识产权学院、上海大学知识产权学院、上海政法学院知识产权研究中心、上海东方计算机司法鉴定中心达成了合作协议或具体开展了合作。与上海市高级人民法院就诉讼与调解的衔接达成了协议，就程序和效力的衔接拟定了《关于加强上海版权纠纷调解与诉讼衔接工

作的实施办法》。

在具体方案中，上海版权纠纷调解中心拟设调解部、宣传咨询部和培训调研部、对外联络部等机构，由主任秘书处负责接收案件的调解申请相关材料、受理纠纷及联络调解员等日常事务性工作。上海版权纠纷调解中心自运行以来，各项工作逐步探索拓展，一年时间内，在各类版权问题咨询、版权维权、版权纠纷调解机制建设、调解与诉讼机制衔接、版权信息宣传、版权课题研究等方面实现了预定方案的要求，积累了相当多的经验，成为当时国内开展版权纠纷调解机制的典型，《人民日报》对此进行了专门报道。[1]特别是在上海市版权局和上海市高级人民法院的大力支持下，2010年11月，上海版权纠纷调解中心与上海市法院系统就开展版权纠纷调解工作中建立健全诉调对接机制形成合作意见，制定《关于开展著作权纠纷委托调解工作的意见（试行）》一份，这份合作意见详细规定了上海市法院系统与上海版权纠纷调解中心在版权诉讼审判过程中委托调解工作中的调解的原则、范围、阶段、启动、期限和调解与诉讼的衔接等内容，建立了上海版权纠纷调解诉调对接操作机制。上海市高级人民法院于2010年8月向上海市第一、第二中级人民法院民五庭，浦东新区、黄埔区、杨浦区、卢湾区人民法院民三庭印发并要执行。在此基础上，杨浦区人民法院制定了《关于开展知识产权纠纷委托调解工作的操作规程（试行）》，杨浦区知识产权联席会议成立了上海市杨浦区知识产权纠纷联合调解工作室，积极推进诉讼调解对接，探索多元化的知识产权纠纷解决机制。后来，普陀区人民法院也与调解中心建立健全了诉调对接机制，逐步开展版权纠纷调解工作。浦东新区知识产权局也与调解中心就委托调解达成了合作协议。

通过图1、图2、图3，可以了解上海版权纠纷调解中心运营机制。

---

[1] 我国版权纠纷调解机制调查：打破"零和博弈" [N/OL]. [2010-11-26]. http://ip.people.com.cn/GB/13324934.html.

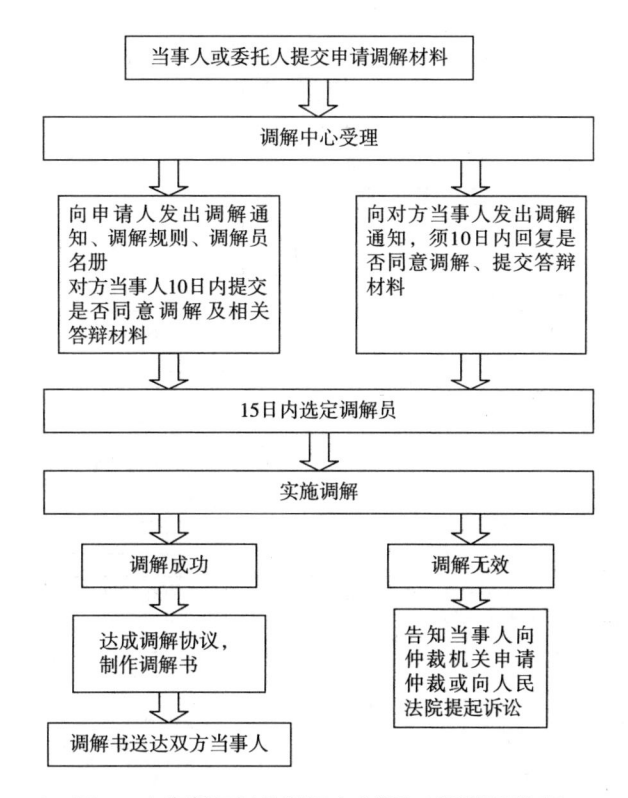

图1 上海版权纠纷调解中心版权纠纷调解流程

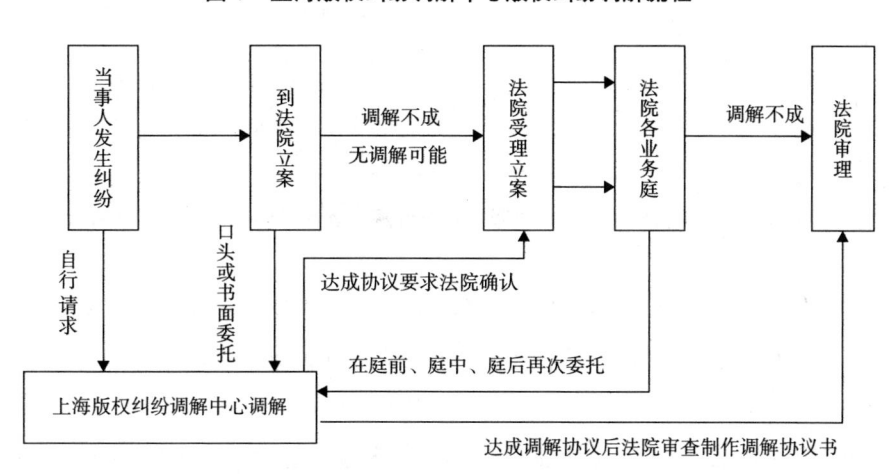

图2 上海版权纠纷调解中心版权纠纷调解与诉讼机制衔接流程图

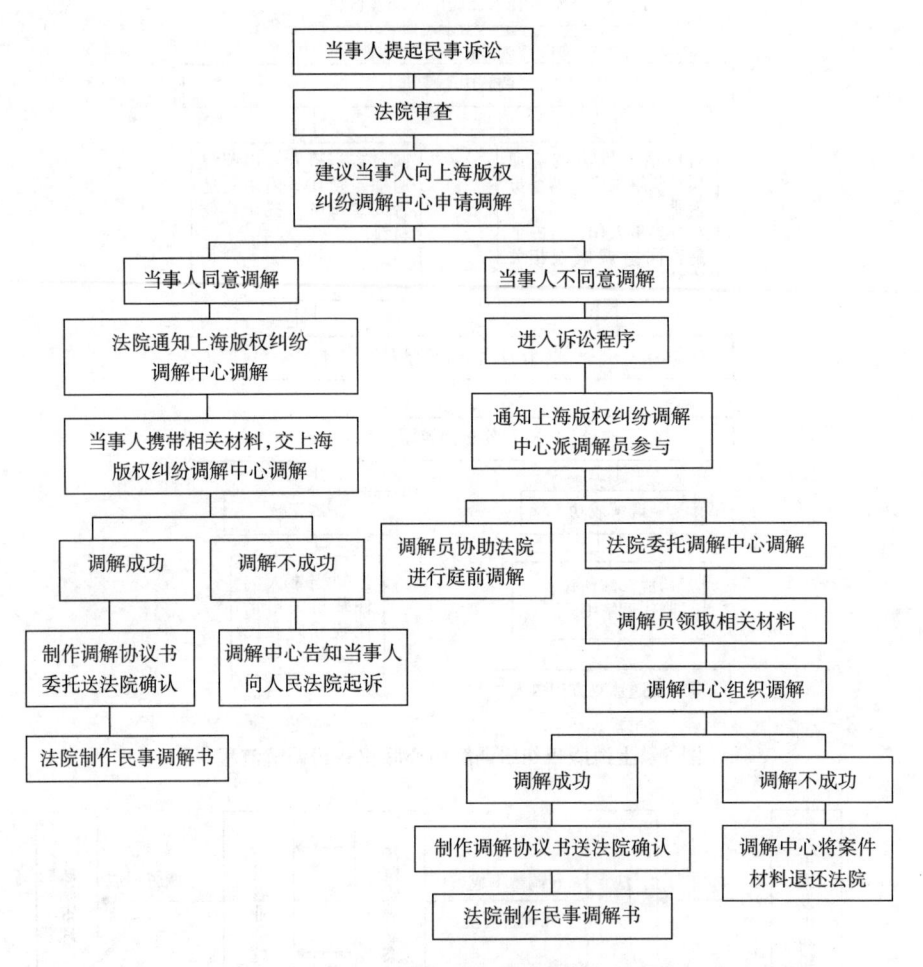

```
                    ┌─────────────────────┐
                    │  当事人提起民事诉讼   │
                    └─────────────────────┘
                              │
                    ┌─────────────────────┐
                    │     法院审查         │
                    └─────────────────────┘
                              │
                    ┌─────────────────────┐
                    │ 建议当事人向上海版权  │
                    │ 纠纷调解中心申请调解  │
                    └─────────────────────┘
                         │          │
              ┌──────────────┐  ┌──────────────┐
              │ 当事人同意调解│  │当事人不同意调解│
              └──────────────┘  └──────────────┘
                     │                │
           ┌──────────────────┐  ┌──────────────┐
           │法院通知上海版权纠纷│  │  进入诉讼程序 │
           │   调解中心调解    │  └──────────────┘
           └──────────────────┘        │
                     │        ┌──────────────────┐
          ┌─────────────────┐ │通知上海版权纠纷调解│
          │当事人携带相关材料,│ │ 中心派调解员参与  │
          │交上海版权纠纷调解 │ └──────────────────┘
          │     中心调解     │        │
          └─────────────────┘    ┌────┴────┐
              │         │        │         │
        ┌────────┐ ┌────────┐ ┌────────────┐ ┌──────────────┐
        │调解成功 │ │调解不成功│ │调解员协助法院│ │法院委托调解中心│
        └────────┘ └────────┘ │ 进行庭前调解 │ │    调解      │
            │          │      └────────────┘ └──────────────┘
      ┌──────────┐ ┌──────────┐                    │
      │制作调解协议│ │调解中心告知│           ┌──────────────┐
      │书委托送法院│ │当事人向人民│           │调解员领取相关 │
      │   确认    │ │ 法院起诉  │           │    材料      │
      └──────────┘ └──────────┘            └──────────────┘
            │                                     │
      ┌──────────────┐                    ┌──────────────┐
      │法院制作民事   │                    │调解中心组织调解│
      │   调解书     │                    └──────────────┘
      └──────────────┘                    ┌────┴────┐
                                   ┌────────┐ ┌────────┐
                                   │调解成功 │ │调解不成功│
                                   └────────┘ └────────┘
                                        │         │
                                ┌──────────────┐ ┌──────────────┐
                                │制作调解协议书 │ │调解中心将案件 │
                                │  送法院确认   │ │ 材料退还法院  │
                                └──────────────┘ └──────────────┘
                                        │
                                ┌──────────────┐
                                │法院制作民事   │
                                │   调解书     │
                                └──────────────┘
```

图3　上海版权纠纷调解中心版权纠纷调解与诉讼机制衔接操作流程图

从2010年5月成立到2010年年底，上海版权纠纷调解中心接受各类电话版权咨询400多人次，邮件200多件，来人来访60多人次，受邀参加课题及理论研讨会20多次，为虹口区大学生创业园区举办版权知识讲座1次。受理24个委托调解项目，成功调解版权纠纷案件8起，总计涉案金额百万元以上，截至2011年年底，调解成功案例达200件。同时，为相关出版社及企业针对版权问题出具专业咨询意见21份。2010年上海书展期间，参与筹建了上海版权产业馆，并积极推进版权产业馆的运行。参与撰写了《上海市知识产权质押合同登记服务指南》中的版权部分。参与了《上海知识产权质押评估管理暂行办法》《上海市知识产权质押评估技术规范大纲》等文件的调研和制定工作。编写《上海版权》刊物多期。具体运营了上海版权综合信息网。与韩国著作权委员会、日本内容产品海外流通促进机构（CODA）等开展了版权保护活动和学术交流活动。

三、上海版权纠纷调解中心调解的典型案例

（一）A 公司与 B 公司软件使用纠纷案

A 公司反映称 B 公司擅自使用未经其授权许可的某软件，在双方交涉后，B 公司拒绝支付软件使用费。

A 公司委托上海市版权协会、上海版权纠纷调解中心调解此事。为避免双方的诉累，降低双方的维权成本，继续保持双方良好的合作关系，上海版权保护协会和上海版权纠纷调解中心本着以和为贵、互谅互让的精神帮助双方解决此事。在调解中心的联系沟通下，2010 年 7 月 14 日，B 公司正式回复关于 A 公司与其软件纠纷之事，共有三条：第一，B 公司没有使用软件；第二，A 公司没有与他们接触过；第三，A 公司提供信息不正确。针对这个回复，调解中心和双方进行了长达 2 个月的沟通和跟进，查明：B 公司主要设计领域在土建，建筑及水暖软件设计量很小，A 公司认为，B 公司可能存在使用软件的情况，如同 A 公司所言，使用量及使用空间是比较小的，所以，无法证明侵权情况。因此，双方均表示，对中心的调解工作十分感谢，双方都表示要重视软件正版化工作，在日后的市场推广过程中会十份重视软件的版权保护和证据的采集，会在以后的业务合作中在上海版权纠纷调解中心的帮助下加强版权信息的互通和版权业务的开展，这个纠纷的调解，在客观上取得了宣传版权知识、督促企业重视软件正版化的作用。

（二）澳大利亚某设计公司与中国杭州某体育用品公司著作权纠纷案

该案经上海版权纠纷调解中心与纠纷双方协商沟通，现已结案。涉嫌侵

权方中国杭州某公司已将涉案图片作品及其衍生产品销售信息从相关网站删除。同时，由于牵扯到著作权纠纷的产品还处于试销阶段，试销范围仅限于中国大陆地区，并没有进入大规模生产阶段，中国杭州某公司立刻停止试销，并通知参与试销的经销商退回相关产品予以封存，同时决定不再制作和销售相关产品，并表示会加强设计人员的著作权保护意识，也会关注澳大利亚某设计公司的产品及其设计，避免再发生著作权纠纷。纠纷双方对调解中心为双方的纠纷调解所做的大量工作和调解结果表示满意。本案涉案金额在 20 万元以上。

（三）曾先生与北京某出版社署名权纠纷案

著作权人上海曾先生与北京某出版社署名权纠纷，在调解中心与中国版权协会的共同努力下，双方已经达成和解协议，原侵权书籍被北京某出版社从市场上召回后，再将正确署名的书籍投放市场。从第一批涉嫌侵权的书籍数量来看，涉案金额 20 万元以上。

（四）某图片公司与上海某酒业公司图片使用权纠纷案

上海某酒业公司在制作的产品目录中未经授权使用了某图片公司的图片。在调解中心的主持下，双方达成和解协议，某图片公司放弃对该产品目录追究侵权责任，某酒业公司支付涉案图片的许可使用费和赔偿费用合计 5000 元，双方对于调解的结果均表示满意。此案是近年来比较有代表性的案例，此案的顺利结案，对相关类似问题的解决有非常重要的借鉴意义。

四、版权纠纷调解之路的疑惑

上海版权纠纷调解中心运行数年，取得了很多成绩，也得到了社会的高度认可。但是，从几年的运营看，几个因素依然制约上海版权纠纷调解中心的运作发展。

(一) 机构定位

从目前成立的过程来看，上海版权纠纷调解中心作为上海版权服务中心的内设机构来打造政府公共服务平台，政府提供公共服务的性质决定其属于民间调解，由政府购买公共服务，由上海市版权协会进行具体运作，这也是政府支持、协会运作、当事人自愿提交的一种社会解决纠纷的模式，机构定位为非营利机构，其收费非常低，因此，中心成立之初的几年的运作费用完全需要政府提供大力支持，自身缺乏造血功能，从而导致社会需求与调解中心规模出现一定的矛盾。

同时，调解机构身份问题仍然是制约因素，定位事业单位与公共服务平台性质不符，否则和行政调解模式有重叠之处，定位社会团体或者民办非企业，与运营模式相矛盾，所以，在当时的背景下，一直是依托上海市版权协会来开展版权纠纷调解工作，这种模糊的身份定位也给调解中心的发展带来了困境。

(二) 案源问题

从几年来的运作来看，案源主要来自市场本身和法院等机构的委托，尽管调解中心有很多优秀的调解专家，制度建设相对完善，但是，基于中心定位、调解书效力、市场对接错位等各种制约因素，在具体的个案中，调解成功率并不算高。所以，调解中心成立后，来源于市场上的案源数量不大，这也是一个重要的问题。

线上调解模式有待加强，很多调解并不需要线下工作，可以创设网上调解模式，把调解中心的内容都挂上去，在专门的版权纠纷调解版块，有相关的调解规则、调解流程、调解指南，这种电子化的办公符合现代发展的趋势，但目前这一块的运作并不理想。

(三) 调解效力及仲裁诉讼等衔接的问题

调解的效力一直是采用调解模式的最大的制约因素，因为调解协议通过协商达成，不具有强制性，所以，版权纠纷调解一样面临这个难题，诉调对接是解决这个问题的一个初步阶段，调解书的司法确认是解决这个问题的一个途径，需要在具体的运营过程中加以研究、适用。

法院审理中，调解有固定的时效要求，现实中，时效对于解决数字版权纠纷来讲有一定难度。所以，调解程序的启动和法院的衔接需要探索，和仲裁机构的衔接需要双方协商，这些诉调对接和诉裁对接需要进一步形成案件分流机制。可以建立一个协作机制，进行双向分流，目前这个方面的工作还处于起步探索阶段，还有很大的提升空间。

上述制约因素对于版权纠纷调解工作来说，有共性问题，也有个性问题，要全部梳理清楚，工作是复杂的，过程是长期的，具体操作也是需要逐步探索。从版权产业发展的角度看，版权纠纷调解的目的不仅仅是解决一起纠纷，厘清双方权利义务，更需要摒弃传统调解思维，通过调解，以最低的社会成本通过协商解决纠纷双方矛盾，如果能在协商中把纠纷双方转化为合作的供需双方，那将是调解最大的溢出效应。从这个角度看，版权纠纷调解不过是版权维权管理、产业经营和管理的一环。因此，把版权纠纷调解放入版权产业发展链条的整个环节去考虑，放在互联网背景下去考量，版权纠纷调解模式在未来必然具备良好的发展前景。

批量维权之殇

马晓林[*]

知识产权批量维权，又称知识产权集中维权，也称类型化案件，一般指同一权利人就同一权利针对不同当事人就相同性质的侵权行为提起的多个民事诉讼，近年来逐渐成为知识产权案件的主力，其中以著作权案件为主。在国内较早进行批量维权的是北京三面向版权代理公司，其与著作权人签订协议，买断著作权，进行版权维权。随后国内多家专业知识产权代理机构如雨后春笋般逐渐出现，如华盖创意、广州卓佳、深圳安盾等，亦有律师事务所和个人专门从事批量维权业务。

批量维权在一定时期内为维权主体带来了较为可观的利益，但由于越来越商业化模式的操作，零成本的投入，批量维权面临越来越多的困境，本文亦是针对这些困境及其产生的原因进行剖析，进一步引出批量维权应有的发展之道。

一、诉讼模式的商业化

《著作权法》第 1 条规定："为保护文学、艺术和科学作品作者的著作权，以及与著作权相关的权益，鼓励有益于社会主义精神文明、物质文明建设的

---

[*] 马晓林：四川明炬律师事务所专职律师，知识产权团队骨干成员，国家版权贸易基地（越秀）维权专家委员会委员。具有丰富的企事业单位法律顾问服务经验，作为民商事知识产权领域律师，常年深耕于企业法律风险防范、工程法律风险管控、合同审查及规范化管理、企业知识产权及商业秘密体系建构等领域，尤其擅长知识产权领域的企业个性化识别体系，以知识产权侵权风险管控、尽职调查、个案及群体性诉讼为主。先后获得四川省优秀律师、成都市优秀律师、四川明炬律师事务所 2016 年度优秀律师等称号。

作品的创作和传播，促进社会主义文化和科学事业的发展与繁荣，根据宪法制定本法。"从该条规定来看，《著作权法》的立法本意在于保护作品，鼓励创作，促进文化进步，事实上，知识产权法律体系的立法目的均在于此。因而，当权利人的权利受到侵犯时，利用法律武器维护自身权益，本应是受到法律鼓励和保护的，但当维权的目的变为获取利益，而非单纯的维护权益，那么法律只会沦为这种行为的保护伞。

批量维权已逐渐走向商业化模式，由专门的知识产权代理机构与权利人签订维权协议，再由知识产权代理机构与律师事务所合作，由律师事务所风险代理进行维权，所获得利益再进行分成。三面向公司委托律师在全国各地提起多起版权诉讼，一时在版权界引起轩然大波。而华盖创意曾将图片放置于网络供他人下载，其曾被质疑设置诉讼陷阱、诱惑侵权，也曾引起侵权人的不满。虽然代理机构的这种操作并不会导致侵权豁免的法定事由，但其合法性一再受到各界质疑，在一定程度上已经违背《著作权法》的立法目的和知识产权保护的初衷。

二、赔偿额度低

知识产权赔偿额度低一直广受知识产权界的诟病。广东省高级人民法院近来也一直研究提高知识产权赔偿额的问题并发布了相关操作指引，究其原因，也与批量维权案件的过多密不可分。批量维权案件一直是法院知识产权案件的主要部分。一般占据各法院知识产权案件的80%左右。批量维权案件的赔偿额度低，导致整体判赔水平的低下。根据成都市中级人民法院发布的2015年数据❶可知，个案平均判赔额大幅高于类型化案件，批量维权案件中，著作权案件平均判赔金额为6884.31元，个案平均判赔金额为39200元，而类型化案件的平均判赔额仅有5757.02元（如表1），二者差异巨大，批量维权案件直接拉低了平均判赔金额。

---

❶ 图解："大数据"三分钟让您了解成都知识产权司法保护状况 [EB/OL]. [2017-08-25]. http://finance.sina.com.cn/sf/news/2016-04-27/175928635.html.

表1 2014—2015年成都市中级人民法院批量维权案件判赔金额

判赔金额类型	著作权案件		专利权案件		商标权费案案件	
	2014年	2015年	2014年	2015年	2014年	2015年
平均判赔金额（元）	5637.25	6884.31	38901.64	59142.86	26004.05	67056.03
类型化案件平均判赔金额（元）	3556.08	5757.02	21727.27	46263.10	9421.57	12756.94
个案平均判赔金额（元）	67031.88	39200.00	67031.88	88428.57	96479.58	162340.90

在笔者所代理过的批量维权案件中，每一案件赔偿额均在3000元左右浮动，而针对KTV的维权案件，一首歌曲判赔额低至400元一首。然而，批量维权案件赔偿额度低并非无迹可寻。

（一）批量维权的商业模式所决定

知识产权代理机构与律师事务所合作，律师事务所再安排进行调查取证、从而再进行诉讼。律师事务所在案件合作时均是采用风险代理，由律师事务所先行垫付成本，后期得到赔偿时再收取律师费。同时，律师事务所安排人员，均是刚入行或经验较少的律师，律师的积极性并未被完全调动起来，对于案件的调查仅会浮于表面，不会投入更多的时间与精力针对源头进行调查，去为获取更高的赔偿额作努力，这就导致了举证不充分。

同时，批量维权案件的标的基本为1万元，这就进一步导致原告对损害赔偿均不进行举证，大多适用法定赔偿，给予法院较大的自由裁量权。下面仍以成都市中级人民法院发布的2015年数据为例，原告在起诉状中或审理过程中，阐明并论证其赔偿方式合理性的案件所占的比例仅为0.95%，而原告举出并在证明目的中指明用于支持损害赔偿主张的证据的案件所占的比例仅为3.08%（如表2）。

表2 2014—2015年成都市中级人民法院批量维权案件分析

年份	原告起诉状中或在审理过程中，阐明并论证其赔偿方式合理性的案件	原告举出，并在证明目的中指明用于支持损害赔偿主张的证据的案件	提出合法来源抗辩的案件（仅限销售侵权案件）	侵权案件诉请总标的（元）	侵权案件判赔总标的（元）
2014年	2.72%	8.89%	25.23%	53787518.00	7 463 991.10
2015年	0.95%	3.08%	37.74%	47755672.98	16330649.51

(二) 维权对象大多为个体户

批量维权案件中，个体户的侵权行为是最容易被调查和固定的，而个体户作为被告亦是容易被追溯的，因而在律师的积极性未被调动的情况下，只会固定个体户的行为。

这一情况也进一步导致批量维权的侵权主体大多为个体户，如网吧、书店、文具店等，个体户的侵权行为大多表现为销售侵权产品，产品本身价值也并不大，个体户的偿付能力亦十分有限，因而无论是调解或者法院判决，都会综合考量个体户的侵权表现、产品价值、偿付能力，最终赔偿额会远低于诉请金额。

(三) 法院对待批量维权的态度

事实上，赔偿额的过低也与法院对待批量维权的态度密不可分。批量维权的兴起，导致法院案件的激增，法官工作量的增多，而零成本的维权模式让赔偿成了牟利的工具，法官顺带也成了工具。因而法院对待批量维权的态度自然是不重视。笔者与法官交流时，法官也曾多次表示希望多一些个性化的知识产权案件，少一些没有技术含量的维权案件，相信这也代表了大多数法官的心声。成都市高新技术产业开发区人民法院就曾针对一起图片维权案件作出了500元的低额赔偿判决，而同类案件在其他法院的判赔金额为3000元左右，虽然二审改判提高了赔偿额，但这也从另一层面表达了法官对于批量维权的态度。

江西省高级人民法院在 2014 年曾对批量维权进行调研，并形成《批量知识产权诉讼案件调研报告》❶，该报告在批量诉讼的审判应对中提到："商业化诉讼是近年来出现在知识产权领域中反复运用的一种维权模式。获得权利人授权的知识产权代理机构、律师事务所等专业维权人，以'经营'为手段、获取'利益'为目的，通过诉讼方式成功实现维权后，从赔偿款中抽取一定份额作为'利润'分成。从效果上看，这种维权确实能打击侵权行为，降低维权成本，对权利人的权利也进行了保护，但最终获益的不一定是权利人本人，而是以诉讼为业的专业维权人。这与知识产权保护宗旨有所偏离。对商业化诉讼中权利人的合法权益依法适度保护，不超出合理限度。通过合理界定知识产权保护范围和强度，平衡知识产权权利人与社会公众的利益。"从江西省高级人民法院调研报告的这一段文字可以看到，法院对于批量维权的诉讼目的、商业模式均持否定态度。针对批量维权，不得超出合理限度。

针对批量维权，法院也采取相应措施来应对。如成都市中级人民法院近来推出要素化审判及要素式文书简化的模式，即针对类型化案件，合议庭法官与法官助理分工合作，由法官助理在庭前向原被告送达诉讼要素表和有效诉讼释明表，并指导填写，固定双方无争议的事实，从而简化庭审程序，提高审判效率。要素式文书的简化，可实现判决书的快速制作，实现当庭送达，缩短审理周期。❷ 目前北京、浙江、海南、广州等地法院已经完成或正在开始要素式审判及要素式文书简化的改革。

同时，法院针对批量维权也会出具相应的内部意见，指导审判。由于某一品牌在四川大范围的批量维权，四川省高级人民法院则出具了关于毛绒玩具的判赔额指导意见，针对不同价位的毛绒玩具实行不同的判赔额度。笔者曾代理过一批毛绒玩具的版权维权案件，法院则依据该意见进行判决。

---

❶ 江西省高级人民法院. 批量知识产权诉讼案件调研报告［EB/OL］.［2017-08-25］. http://nczy.chinacourt.org/article/detail/2014/07/id/1350055.shtml.

❷ 成都"要素化庭审"为知产案件瘦身［N］. 人民法院报，2016-06-06（8）.

四、结语

综上所述，无论是批量维权自身的模式，还是司法环境对于批量维权的态度，都预示着批量维权已面临现实困境。笔者认为，批量维权想要走得更远，只能改变零成本的盈利模式，提高前期投入，提高律师积极性，深入取证，查找侵权源头，制裁生产厂家，才是根本。

著作权的另类维权方法
——与商标权对抗

徐嵩　陈静艳[*]

著作权的维权，如果局限在著作权侵权案件中的话，视角未免狭窄，事实上在商标权维权领域中著作权发挥的作用往往更胜于商标权。

一、维权方面，著作权更胜于商标权之处

（一）无需登记即可自动保护

著作权在作品创作完成时自动取得，而无需进行登记。而商标权必须经过申请登记方能取得，商标权的申请往往需要1年以上的时间，而且经审核后，有可能予以驳回，未必是百分之百授权。

（二）跨地域保护

根据《著作权法》第2条第2款及第3款规定，符合一定条件的外国人、无国籍人的作品也自动受到我国著作权保护。与具有严格地域限制的商标权

---

[*] 徐嵩：律师，全国律师协会知识产权委员会委员，国家版权基地（越秀）维权专家委员会委员，广东省知识产权局知识产权专家库第一批入库专家，广州市版权局版权咨询专家委员会专家，专利代理人。在知识产权战略、著作权（版权）侵权处理、专利申请、专利侵权与保护、商标注册及保护等领域具有丰富的经验。

陈静艳：律师，中山大学诉讼法专业全日制研究生，执业十多年，现为广东广信君达（佛山）律师事务所主任，国家版权贸易基地（越秀）维权专家委员会委员。擅长知识产权和民商法（含合同法、公司法等）诉讼与非诉讼业务。

相比，著作权无疑具有跨地域保护的优势。

（三）跨类别保护

众所周知，商标申请注册是按类别保护，司法实践中只有对驰名商标，商标法才提供跨类保护，但驰名商标的认定要求很高，不易做到。因此，在先著作权成为寻求跨类别保护的一条捷径。从理论上讲，著作权的保护可涵盖全部45个类别的所有商品和服务，实际上享受超越驰名商标的待遇。

（四）可对侵权注册商标的使用直接提出侵权之诉

《最高人民法院关于审理注册商标、企业名称与在先权利冲突的民事纠纷案件若干问题的规定》第1条第2款规定，依据在先注册商标对在后注册商标的使用提起商标侵权诉讼的，法院不予受理，在先权利人应首先向商标评审委员会请求撤销在后申请的注册商标。这种情况导致权利人在基于各种原因无法及时撤销在后注册的侵权商标的情况下，很难制止其使用。

而《商标法》第32条规定"申请商标注册不得损害他人现有的在先权利"，也就是说，权利人可依据该在先权利维权。而依据著作权，对侵权注册商标的使用直接提出侵权之诉，同样可达到制止后者使用的目的。

二、在先著作权对抗恶意注册商标的要点

运用在先著作权对注册商标的使用直接提出侵权之讼，必须清楚地了解在先著作权受法律保护需考虑的因素。

根据商标局及商标评审委员会2017年修订的《商标审查及审理标准》第十一部分的第四项规定，申请商标注册不得损害在先著作权的适用要件为：

（1）在系争商标申请注册之前他人已在先享有著作权；

（2）系争商标与他人在先享有著作权的作品相同或者实质性相似；

（3）系争商标注册申请人接触过或者有可能接触到他人享有著作权的作品；

(4) 系争商标注册申请人未经著作权人的许可。

虽然这是商标局颁布的文件,但司法实践中,法院都依此标准审理案件。

(一) 是否是在先著作权人

现行法律法规规定,作品署名、底稿或原件、著作权登记备案、公证证明等都可以成为权利归属的初步证据,除非有相反的证据推翻,则提供上述证据者可推定为著作权人。

如果该作品在先已经进行了著作权登记,并且取得了著作权登记证书,基于对著作权主管机关在作品判定上权威性的尊重,行政机关及司法机关一般都认可其构成著作权权属证明,不宜再做出相反判定。

如果作品没有进行著作权登记,或者登记的时间在后,实践中,就需提供在先作品使用证明,而在先使用的关键之处在于时间证明,从中入手,即可探究出些许可行的"自制"在先作品使用证明的技巧。

1. 电子文档自带的"创建时间"

如果作品是在电脑中创建和完成的,一般电脑会自动记录文件的创建时间,但其明显不足之处就是无法证明创建时的内容,换言之,打开一空白文档并保存后,电脑系统也会显示此空白文档的创建时间,因此,其对于著作权内容的证明,不能达到充分要求。

2. 寄信件

将完成的作品纸稿或储存载体,通过信件,包括挂号信、快递等方式(不推荐平信)寄给自己,可以通过邮政系统中的发信记录和信件上的邮戳来证明作品完成时间。

但这仅能做一次性的权属证明,一旦信件拆开后,完整性破坏,就难以再证明此信封内的原有文件。

3. 电子邮件

将完成的作品通过电子邮件发送给自己,可以通过电子邮件中的发送时间来证明作品完成时间。

4. 上传至第三方网站

将作品文件上传至第三方网站，以网站上记载的文件上传/发表时间来证明作品完成时间。既可以将作品文件上传到不会发表作品的网站上，比如百度网盘、印象笔记、坚果云等，也可以将作品上传到会发表作品的网站上，比如博客、微信公众号。

5. 公证

通过公证程序的公证时间证明作品完成时间。

6. 时间戳

在联合信任时间戳服务中心（简称"时间戳中心"）为作品文件申请时间戳证书。著作权人可以通过时间戳验证来证明作品已完成时间。

7. 作品创作过程的完整记录

如作品及其各个部分是何时、何地、如何创作等。

上述方法各有优劣，有免费的，也有收费的。为确保将来有据可查，建议：无论如何，至少要做到通过电子邮件发送给自己和上传至第三方网站，不能完全依赖本地电脑系统记录的文件创建时间。

（二）独创性高度

独创性是在权利人主张文字、图案等符合著作权法意义上作品的基本要求，在先权人应当就主张的著作权的作品进行阐述或举证，以此说服法官，相信作品满足独创性的要求。

实践中，通过大量的对商标争议案件中在先作品独创性的认定，已经形成较为成熟的规则。大致如下：

1. 较为复杂图形

复杂的图形，一般认为属于"具有极强艺术性和显著性的美术作品"，独创性高度是显而易见的。

2. 字母加图形的个性组合

字母加图形，由于元素的复合性，整体上容易被认为达到了独创性要求。

3. 个性化字母设计

如果字母是通常的印刷体，就难以具备足够的差异性表达从而成为作品，但字体表达形式有所变化，加入个性化设计，则整体上的独创性容易得到认可。

4. 个性化字母排列

如果仅由字母构成，且字体并无特别之处，但排列方式上具有一定的个性化，也可认定为具有独创性高度。

综上所述，实践中，对独创性高度的认定，有极强的艺术性和显著性当然最好，即便没有，至少要有所变化、有所差异，不能过于同质化和普通。

(三) 接触与相同或实质性相似

是否"接触"可以通过直接证据来举证，具有"接触可能性"可以用间接证据来推测。直接证据能够直接反映出商标权人与在先著作权人之间的关系，比如争议各方存在业务往来、咨询、合作、雇佣关系等，由此来认定"接触"毫无疑问；间接证据只能通过合理的推断，如作品已经发表在先、作品的知名度比较高、作品曾经通过表演、放映、广播、展览等方式公之于众，作品进行过注册或登记且档案可供公众查阅。在只有间接证据的情况下，在先著作权人可以根据作品独创性的高低和实质性相似程度来强化商标申请人或注册人的"接触可能性"。作品独创性越高，"巧合"的可能性就越低，并非作品的所有部分都具有较高独创性，但只要主要部分的相似程度高即可认定，这就足以合理排除商标申请人或注册人独立创作的可能性。

三、在先著作权与注册商标对抗的法律结果

(1) 对公告中的商标，可通过异议程序阻止商标申请人依法获得商标注册。

《商标法》第 33 条规定，对初步审定公告的商标，自公告之日起 3 个月内，在先权利人、利害关系人可以向商标局提出异议。

（2）对已经获得注册但未超过 5 年争议期的商标，可通过无效宣告程序宣告该商标无效。

《商标法》第 45 条规定，已经注册的商标，如违反第 32 条规定的，自商标注册之日起 5 年内，在先权利人或者利害关系人可以请求商标评审委员会宣告该注册商标无效。

（3）著作权侵权如果同时损害公共利益，可通过行政处罚程序由著作权行政管理部门责令侵权方停止侵权行为，没收违法所得。

无论是公告中的商标还是已注册商标，如果与著作权相同，都存有违反《著作权法》第 47 条第 1 款的未经著作权人许可，复制作品的情形。如同时损害公共利益的，根据《著作权行政处罚实施办法》第 4 条规定，著作权行政管理部门可以依法责令停止侵权行为，并给予警告、罚款、没收违法所得等行政处罚。

综上所述，著作权对企业品牌以及商业交易运作的重要性也不容忽视，因此，企业或个人在创作作品时，务必关注自己的著作权保护，尤其需要固定在先作品的证明。

计算机软件的侵权行为形式及全球保护策略

陈赞[*]

一、引　言

随着全球信息一体化和经济贸易的全球化，作为信息化核心的计算机软件业更是发展迅速。计算机软件因其技术含量高，具有潜在的巨大的经济价值，通常能给软件权利人带来丰厚的利润。但随着软件产业的发展，计算机软件被侵权的现象逐渐凸现出来，并且愈演愈烈。如何防止计算机软件侵权，如何在全球范围内有效保护计算机软件知识产权，已经成为各国软件行业所密切关注的问题。

计算机软件作为人类的智力成果，具有独特的商业特征和法律特征，充分运用知识产权法律体系对计算机软件进行全面保护，是软件产业发展内在的必然要求。全球范围内，软件知识产权的法律保护体系经过近半个世纪的演变，已逐步形成了以版权保护为主，专利权、商标权、反不正当竞争保护模式并存的局面。如何充分利用各相关法律对计算机软件进行全面有效的保护，成了全球计算机软件行业共同面对的问题。

---

[*] 陈赞：广东广信君达律师事务所律师，英国国际商法学硕士，司法部"中国涉外律师领军人才"，国家版权贸易基地（越秀）维权专家，广东省律师协会港澳台和外事工作委员会副主任，广州市律师协会涉外法律业务专业委员会委员。专业领域：知识产权、跨境投资及融资、国际贸易、争议解决。

二、计算机软件的法律概念及法律特征

对于计算机软件的概念，世界上尚无统一的定义，大多数国家原则上采用世界知识产权组织的意见，并结合各国的实际情况加以修改。

世界知识产权组织在1978年发表的《保护计算机软件示范法条》中将计算机软件的概念阐述为：计算机软件包括程序、程序说明和程序使用指导三项内容。"程序"指能够使计算机具有信息处理能力，以标志一定功能，完成一定任务或产生一定结果的指令集合。"程序说明"指用文字、图解或其他方式，对计算机程序中的指令所作的足够详细、足够完整的说明和解释。"程序使用指导"是指除了程序和程序说明以外的，用以帮助理解和实施有关程序的其他辅助材料。

我国1990年颁布的《著作权法》规定，计算机软件是受法律保护的作品形式之一。但是，该法对计算机软件却没有作清晰的定义。我国于1991年6月4日发布、2001年1月1日修订实施的《计算机软件保护条例》第2条规定："本条例所称计算机软件，是指计算机程序及其有关文档。"第3条第1款指出："计算机软件程序，是指为了得到某种结果而可以由计算机等具有信息处理能力的装置执行的代码化指令序列，或者可以被自动转换成代码化指令序列的符号化指令序列，或者符号化语句序列。同一计算机程序的源程序和目标程序为同一作品。"第2款指出："文档，是指用来描述程序的内容、组成、设计、功能规格、开发情况、测试结果及使用方法的文字资料和图表等，如程序设计说明书、流程图、用户手册等。"根据该定义，可以看出计算机软件包括三部分：（1）计算机程序：包括附着于任何媒介上的原始码、目的码、微码等以任何语言、文字或符号所完成之计算机程序；（2）程序描述：包括资料结构、演绎法则、流程图；（3）文档：包括程序规格书、操作手册、使用手册。

但是，计算机软件仍具有自己独特的法律特征：

（1）计算机软件既是作品，又是工具，是作品性与工具性紧密结合的智

力成果。软件在进入计算机运行之前，首先表现为作品性，人们无法通过"阅读"或"欣赏"计算机程序与文档而制造任何有形产品和实现任何操作。但是，软件调入计算机运行时，则更主要地表现为工具性，即通过控制计算机硬件动作过程，获得某种结果。

（2）计算机软件开发工作量大、成本高，但复制容易、成本极低，仅为开发成本的数百万分之一，甚至数千万分之一。

（3）计算机软件具有无形性，可以多次使用，但商业寿命较短。

从以上定义和法律特征可以看出，计算机软件是人类的一种智力劳动成果，属知识产权客体的一种，其权利义务关系受知识产权法的调整，其权利自然可以受到知识产权法保护。而由于计算机软件所具备的独创性，属于文学、艺术和科学领域内的成果，能以某种有形形式复制等法律特性，使其不仅在我国，也在世界上其他各国中，首先被纳入著作权保护的领域。

虽然计算机软件具有著作权法下作品所共有的法律特征，但因其实用性高、复制成本低、商业寿命短等特征，而使其在保护原则和认定侵权上同其他作品有较大不同。因而在对于计算机软件的保护上，各国也已突破了著作权法上的保护，而将其延伸至专利法、商标法、反不正当竞争法、刑法等领域。

三、计算机软件的侵权行为形式

计算机软件所具有的独特法律特征，使得对计算机软件的侵权形式变得多样而且不确定，因此，了解各类法律下计算机软件的侵权行为形式及司法实践中关于侵权的认定标准，对于有效选择相应的法律对计算机软件进行有效和全面的保护，无疑具有重大意义。

一般而言，凡未经软件权利人许可，又不符合《著作权法》等相关法律、法规所规定的可免责使用的条件，违法使用受《著作权法》《商标法》《专利法》《反不正当竞争法》等法律、法规保护的软件作品的行为，即为侵犯计算机软件合法权利的行为。

(一) 我国著作权法律体系下计算机软件商标权的侵权行为

根据《著作权法》和《计算机软件保护条例》，侵犯软件著作权行为的主要形式有：

（1）未经软件著作权人许可，发表或者登记其软件的；

（2）将他人软件作为自己的软件发表或者登记的；

（3）未经合作者许可，将与他人合作开发的软件作为自己单独完成的软件发表或者登记的；

（4）在他人软件上署名或者更改他人软件上的署名的；

（5）未经软件著作权人许可，修改、翻译其软件的；

（6）复制或者部分复制著作权人的软件的；

（7）向公众发行、出租、通过信息网络传播著作权人的软件的；

（8）故意避开或者破坏著作权人为保护其软件著作而采取的技术措施的；

（9）故意删除或者改变软件权利管理电子信息的；

（10）转让或者许可他人行使著作权人的软件著作权的；

（11）其他违反软件著作权的行为。

我国法律在规定计算机软件著作权侵权行为的同时，对软件著作权也规定了一定的限制：

（1）时间限制。我国著作权法对软件著作权规定了一定的保护期。自然人的软件著作权的保护期为自然人终生及其死亡后 50 年，截止于自然人死亡后第 50 年的 12 月 31 日；如果软件是合作开发的，其保护期截止于最后死亡的自然人死亡后第 50 年的 12 月 31 日。法人或者其他组织的软件著作权的保护期为 50 年，截止于软件首次发表后第 50 年的 12 月 31 日，但软件自开发完成之日起 50 年内没有发表的，法律不再予以保护。

（2）表达方式的限制。《计算机软件保护条例》第 29 条的规定："软件开发者开发的软件，由于可供选用的表达方式有限而与已经存在的软件相似的，不构成对已经存在的软件的著作权的侵犯。"

（3）保护范围的限制。开发软件所用的思想、处理过程、操作方法或者数学概念等都不属于软件保护范围。

（4）合理使用。为了学习和研究软件内的设计思想和原理，通过安装、显示、传输或者存储软件的方式使用软件的，可以不经软件著作权人许可，不向其支付报酬。

（5）软件的合法复制品所有人的限制。软件的合法复制品所有人享有下列权利：根据使用的需要把该软件装入计算机等具有信息处理能力的装置内；为了防止复制品损坏而制作备份复制品。这些备份复制品不得通过任何方式提供给他人使用，并在所有人丧失该合法复制品的所有权时，负责将备份复制品销毁；为了把该软件用于实际的计算机应用环境或者改进其功能、性能而进行必要的修改；但是，除合同另有约定外，未经该软件著作权人许可，不得向任何第三方提供修改后的软件。

（二）我国商标法下计算机软件商标权的侵权行为

对于计算机软件产品名称、软件界面等形式表现的智力成果，可以申请商标保护。在中国商标法下，可能涉及对计算机软件商标权的侵权行为主要有：

（1）未经商标注册人的许可，在同一种商品或者类似商品上使用与其注册商标相同或者近似的商标的；

（2）销售侵犯注册商标专用权的商品的；

（3）伪造、擅自制造他人注册商标标识或者销售伪造、擅自制造的注册商标标识的；

（4）未经商标注册人同意，更换其注册商标并将更换商标的商品又投入市场的；

（5）给他人的注册商标专用权造成其他损害的。

（三）我国专利法下计算机软件专利权的侵权行为

计算机软件一般包含计算机程序和文档，通常情况下计算机文档是对计算机程序的说明或者简要介绍，而计算机程序才是计算机软件真正价值的体现，也是其实用性的具体体现，在法律上处于"模棱两可"的边缘地带。也正是因为其实用性具有专利法所保护的特性，许多国家都曾尝试用专利法来保护计算机软件。

我国的专利法下可能涉及对计算机软件的侵权行为主要有：

（1）未经许可制造专利产品的行为；

（2）故意使用发明专利产品的行为；

（3）销售、许诺销售未经许可的专利产品的行为；

（4）使用专利方法以及使用、销售、许诺销售依照专利方法直接获得的产品的行为；

（5）进口专利产品或进口依照专利方法直接获得的产品的行为；

（6）假冒他人专利的行为；

（7）冒充专利的行为。

（四）我国反不正当竞争法下可能涉及对计算机软件的侵权行为

（1）以盗窃、利诱、胁迫或者其他不正当手段获取权利人的商业秘密；

（2）披露、使用或者允许他人使用以前项手段获取的权利人的商业秘密；

（3）违反约定或者违反权利人有关保守商业秘密的要求，披露、使用或者允许他人使用其所掌握的商业秘密。

对于软件侵权行为的认定，各国法律和实践虽有不同，但认定的行为实质相似，因此，在如何认定侵权上也采取了相似的标准。

四、司法实践对于计算机软件著作权侵权行为的认定标准

在司法实践中，侵犯计算机软件著作权的行为层出不穷，往往较难对侵权作出单一而清晰的界定。目前，在全球范围内，主要的认定侵权的判断标准有以下几种。

（一）表达与创意相分离法

全球对于计算机软件的著作权保护，保护的是创意的表达，而不保护创意本

身。如《与贸易有关的知识产权协定》第9条第2款和《WIPO著作权条例》第2条指出："著作权保护应只延及表达，而不延及创意、过程、操作方法或数学概念本身。"我国《计算机软件保护条例》第6条规定："本条例对软件著作权的保护不延及开发软件所用的思想、处理过程、操作方法或者数学概念等。"因此，我国司法界在认定计算机软件是否侵权时，所采用的标准也首先是采用创意与表达进行分离，来判断该软件是否具有著作权法所保护的独创性。

案例一：久其软件股份有限公司 vs 天臣计算机软件有限公司

争议焦点：软件用户界面是否受著作权保护。

裁判规则：著作权法保护的是具有独创性的表达，而不保护思想、工艺、操作方法或数学概念。

案情简介：北京久其北方软件技术有限公司（以下简称"久其公司"）系《财政部会计报表软件》（以下简称《久其软件》）的原始著作权人，2001年12月18日，《久其软件》著作权的各项权利由久其公司继受。《久其软件》系根据财政部会计决算报表编制工作要求而设计的一套报表管理软件，主要实现企业财务数据的录入、装入、汇总、审核、打印、传出等功能。

2003年9月，天臣计算机软件公司（以下简称"天臣公司"）根据上海市国有资产监督管理委员会对企业资产年报数据处理、上报的要求，开发完成《上海市国资委统计评价管理平台软件》及《资产年报（2003录入版）系统软件》（以下简称《天臣软件》），并对外销售。《天臣软件》是与《久其软件》具有相同功能的报表管理软件。

2004年5月，久其公司以天臣公司《天臣软件》抄袭《久其软件》用户界面，侵犯了久其公司《久其软件》用户界面著作权为由，向法院提起诉讼。

法院认定：从整体来看，《久其软件》用户界面上各要素的选择、编排、布局，也仅是一种简单的排列组合，并无明显区别于一般图形用户界面的独特之处，在表达上不具有独创性。《久其软件》用户界面不符合作品独创性的要求，不受我国著作权法的保护。

（二）"接触加实质性相似"判断法

"接触加实质性相似"判断法是目前国内外普遍认可的著作权侵权判定方法，我国也基本确立了这一标准和原则。其中，针对"实质性相似"的判断，通常是案件审理的重点和难点。

目前，业界对于"实质性相似"的判断方法主要有三种，即普通观众测试法、抽象测试法和内外部测试法。

普通观众测试法又称整体观感法，来源于美国 1970 年的罗斯贺卡与联合卡片公司纠纷（Roth Greeting Cards VS United Card Co.），指的是从普通、理性的观众角度对作品是否构成实质性相似做出判断。该比对方法是指将作品作为一个整体，以一般读者的感受进行判断，更强调普通公众对作品的感受，注重读者的欣赏体验，对思想和表达不做技术上的区分。

抽象测试法又称三步法标准，确立于 1992 年的阿尔泰案（Altai 案），分为抽象、过滤和比较 3 个步骤。首先利用思想、表达二分法进行层层抽象，然后将作品中不属于著作权法保护对象的部分（思想、公知领域等）过滤掉，最后将剩余的部分也就是具有独创性的表达部分进行比较，最终确定是否构成实质性相似。

内外部测试法在斯德、马蒂克罗夫特电视与麦当劳公司纠纷（Sid and Marty Krofft Television VS McDonald's Corp.）中被首先提出，在美国判例中较为常见，内外部测试法更像是抽象测试法与整体观感法的结合。

在我国司法实践中，整体观感法及抽象测试法均有适用。近年来，思想、表达二分法这一著作权法核心理念逐渐深入人心，适用抽象测试法判断实质性标准的现象也更加普遍。目前，我国对实质性相似进行判断的模式主要有四种。

第一种是整体观感法（普通观众测试法）。在整体抄袭或较为明显抄袭的情形下，适用整体观感法的情况更为普遍，这种比对方法更加简便和直接，不需要太多的技巧和技术的分析，从整体上判断作品抄袭的痕迹明显，很容易做出构成实质性相似的结论。

第二种是抽象测试法（三步法）。在一些作品本身相似度很难判断的情况下，仅靠整体观感法难以做出准确的结论，需要对作品的独创性元素进行划分，并作细致的比对分析。

第三种是抽象测试法与整体观感法相结合（内外部测试法）。在有些案件中，会在应用抽象测试法的基础上，对作品的实质性相似做出比对和说明，同时还会以整体观感法来强化和佐证这种判断。

第四种是运用抽象测试法，对整体观感法持谨慎态度。目前，在有些案件的判决中，业界会肯定抽象测试法的科学性，法院对此也会进行详细的说理和论证。值得一提的是，业界在运用抽象测试法的同时，还对整体观感法的适用持谨慎的态度。

在具体的软件著作权诉讼中，原告仅证明被控软件与自己的软件实质性相似是不够的，两个不同的主题在完全不同的创造环境下有可能创作完成基本相同的作品。所以在"实质性相似"后还要判断"接触"事实。换言之，需在被告主观上存在故意的过错状态时才能认定侵权行为的存在。只不过对行为人主观过错的认定采用客观标准，即以客观上是否接触过在先作品为标准。

"接触"指被控侵权软件的开发者以前曾有研究、复制权利人的软件产品的机会。在具体的司法鉴定过程中，判断被告曾经接触过原告的版权程序，一般可以从以下几个方面着手：

（1）证明被告确实曾经看到过，进而复制过原告的有著作权的软件；

（2）证明原告的软件曾经公开发表过；

（3）证明被告的软件中包含有与原告软件中相同错误，而这些错误的存在对程序的功能毫无帮助；

（4）证明被告的程序中包含着与原告程序相同的特点、相同的风格和相同的技巧，而且这些相同之处是无法用偶然的巧合来解释的。

由于计算机软件的"接触"在极短时间内即可实现，对接触事实的举证非常困难。司法实践中，被侵权人举证的往往是侵权人具有接触的条件，是"可能性"而非"事实"。因此，我国在法律实践中还引入了"排除合理解释"，即被控侵权者是否能提出合理来源的解释，从而能够更加合理地分配原告和被告之间的举证责任，在实践中也易于操作。

案例二：奥迪玛信息技术（北京）有限公司诉北京赛博创新科技有限公司侵犯著作权案

裁判规则：司法实践认定计算机软件侵权按照"实质性相似+接触+排除合理解释法"，缺一不可。

案情简介：奥迪玛信息技术（北京）有限公司（以下简称"奥迪玛公司"）以未经授权复制并销售其享有著作权的手术室临床信息系统（以下简称 ORIS）和重症监护临床信息系统（以下称 CCIS）为由，将北京赛博创新科技有限公司（以下简称"赛博公司"）诉至北京市海淀区人民法院，请求法院判令赛博公司承担侵权民事责任。

法院认定：赛博公司不构成侵权。

认定依据：实质性相似+接触+排除合理解释法。

奥迪玛公司没有向人民法院提交反映被控侵权软件源程序或目标程序的证据，不能够证明被控侵权软件的情况以及该软件是否销售或使用，进而也就无法判断被控侵权软件的源程序或目标程序或运行界面等与 ORIS 软件是否实质相同。（实质性相似）

虽然赛博公司员工有可能接触过奥迪玛公司的涉案软件，但考虑到诸如在软件开发过程中可供选用的表达方式有限等可以对判断结论产生影响的实际情况，仍然应当将涉案软件和被控侵权软件的程序、文档进行对比，并在此基础上判断被控侵权软件是否使用了涉案软件以及使用的方式和性质，然后再做出是否侵权的判断。（适用《计算机软件保护条例》第 29 条，不能排除合理解释，接触+排除合理解释法）

（三）SSO 原则

本原则产生于 1985 年美国宾夕法尼亚东部法院的 Whelan v. Jaslow 案，即对计算机程序的版权保护可以从其文章编码扩展到它的结构、顺序和组织。所谓 SSO，是指计算机软件的结构（structure）、顺序（sequence）和组织（organization）。具体而言，需要首先对程序的各个层次进行抽象，排除"思想"部分；其次对剩下的"表达"进行适当排除，排除属于公知技术的部分以及仅有的有限表达的几种方式；最后再比较各层次剩余的"表达"。即计算机程序的功能是思想，其他的成分都是表达。整个程序只有一个思想，子程序内不再有思想成分。凡存在选择余地的设计，都是受版权保护的。

五、计算机软件的全球保护策略

对于一个具有全球定位的计算机软件企业而言，充分熟悉并利用好相关计算机软件保护的国际条约及各国相关法律，做好软件登记和管理，防范泄露商业秘密等，是对软件进行全球化保护的基本策略。具体而言，包括以下策略。

（一）运用国际知识产权保护公约寻求对计算机软件的全球保护

国际上与软件知识产权保护相关条约主要包括：《保护工业产权巴黎公约》《保护文学艺术作品伯尔尼公约》《商标国际注册马德里协定》《建立世界知识产权组织公约》《世界知识产权组织版权公约》《与贸易有关的知识产权协议》等。

虽然从国际公约的规定上看，各法分别从著作权、专利、商标等领域对计算机软件有不同的保护，但除著作权法以外的其他各法在保护力度上均有缺憾。比如，在适用《保护工业产权巴黎公约》时，首先须在各国申请专利。但各国的专利法在保护计算机软件方面存在着类似的难以克服的障碍：如软件的新颖性、创造性、实用性标准难以确定；软件数量之多、发展之快，与手续复杂、耗时长的专利审查程序不相匹配；以数字、符号组成的软件的性质较之一般方法的发明专利也有很多差别。因此，以专利法保护计算机软件困难重重，一些发达国家逐步放弃了该措施。而《商标法》对计算机软件的保护也仅仅限于商标方面的保护，对于计算机软件主要呈现出的法律特征无法实施更为有效的保护。因此，各国逐步形成了对计算机软件以著作权法保护为主的法律保护体系。

因此，首先有必要通过与著作权保护相关的国际公约来寻求对计算机软件的保护。

1. 计算机软件的全球著作权保护策略

随着信息全球化趋势的加大，计算机软件也日渐呈现出国际化的特点。世界各国普遍建立了著作权制度，而且诸如《保护文学艺术作品伯尔尼公约》《世界知识产权组织版权公约》等国际条约也吸引了众多国家和地区的加入。

（1）《保护文学艺术作品伯尔尼公约》（Berne Convention for the Protection of Literary and Artistic Works）（简称《伯尔尼公约》）是世界上保护版权的最大的国际公约，也是参加国家最多的国际公约。它于1886年在瑞士伯尔尼签订，经过数次修改，现行的文本是1971年的巴黎文本。截至2017年8月3日，随着库克群岛的即将加入，成为该公约新缔约国，该公约缔约方总数将达到174个国家。1992年10月15日中国成为该公约成员国。

现行的《伯尔尼公约》的核心是规定了每个缔约国都应自动保护在伯尔尼联盟所属的其他各国中首先出版的作品和保护其作者是上述其他各国的公民或居民的未出版的作品。其基本原则包括：

①国民待遇原则。联盟任何一成员方公民的作者，或者在任何一成员方首次发表其作品的作者，其作品在其他成员方应受到保护，此种保护应与各国给予本国国民的作品的保护相同。

②自动保护原则。指作者在成员方中享受和行使《伯尔尼公约》规定的权利不需要履行任何手续。

③独立保护原则。根据《伯尔尼公约》第5条第2款规定，各国依据本国法律对外国作品予以保护，不受作品来源国版权保护的影响。

④最低保护限度原则。虽然公约中并没有设定"本公约的规定为最低保护"的规定。但是最低保护限度作为公约的基本原则在一些条款中体现出来。根据这一原则，《伯尔尼公约》要求各成员方对著作权的保护必须达到公约规定的最低标准，即公约特别规定的作者所享有的各项权利。

（2）《世界知识产权组织版权公约》（Universal Copyright Convention）（简称《世界版权公约》）。1947年由联合国教育、科学及文化组织主持准备，1952年在日内瓦缔结，1955年生效。1971年在巴黎修订过一次。《世界版权公约》并不是《伯尔尼公约》的"竞争"公约，其重要性仅次于《伯尔尼公约》，排在第二位。中国于1992年7月30日递交了加入《世界版权公约》的官方文件，同年10月30日对中国生效。

《世界版权公约》所定的保护水平，反映在它对成员国国内法的最低要求上。《世界版权公约》由7条实体条文与14条行政条文组成。它的实体条文不像《伯尔尼公约》规定得那么具体，而是比较笼统。但是，《世界版权公约》不允许参加它的国家作任何保留。

《伯尔尼公约》以及《世界版权公约》都规定了国民待遇原则。国民待遇原则就是要求某一成员国给予其他成员国公民的作品的保护和给予其本国公民作品的保护是相同的。这一原则在一定程度上排除了国际版权法中的法律冲突问题。

《世界版权公约》的非自动保护原则是协调《伯尔尼公约》的自动保护原则和美洲国家采用的注册保护制度（履行法定手续是获得版权保护的条件）的结果。依据这一原则，如果任何成员国依其国内法要求履行手续作为版权保护的条件，那么对于根据《世界版权公约》加以保护并在该国领土以外首次出版，而其作者又非该国国民的一切作品，只要经作者或版权所有者授权出版的作品的所有复制本上，自首次出版之日起，标有©的符号，并注明版权所有者的姓名、首次出版年份等，而且其标注的方式和位置应使人注意到版权的要求，就应认为符合该国法履行手续的要求，根据《世界版权公约》给予保护。

（3）《与贸易有关的知识产权协议》（*Agreement on Trade-Related Aspects of Intellectual Property Rights*，TRIPs）（简称《知识产权协定》）是世界贸易组织管辖的一项多边贸易协议。协议保护的范围包括：版权及相关权、商标、地域标识、工业品外观设计、专利、集成电路布图设计、未公开的信息（包括商业秘密）七种知识产权，规定了最低保护要求，并涉及对限制竞争行为的控制问题，规定和强化了知识产权执法程序，有条件地将不同类型的成员加以区别对待。该协议宗旨是促进对知识产权在国际贸易范围内更充分、有效的保护，以使权利人能够从其创造发明中获益，受到激励，继续在创造发明方面的努力；减少知识产权保护对国际贸易的扭曲与阻碍，确保知识产权协定的实施及程序不对合法贸易构成壁垒。

2. 其他国际公约对计算机软件的保护

（1）《保护工业产权巴黎公约》（Paris Convention for the Protection of Industrial Property）（简称《巴黎公约》）于 1883 年 3 月 20 日在巴黎签订，1884 年 7 月 7 日生效。《巴黎公约》的调整对象即保护范围是工业产权，包括发明专利权、实用新型、工业品外观设计、商标权、服务标记、厂商名称、货物标记或原产地名称以及制止不正当竞争等。《巴黎公约》的基本目的是保证一成员国的工业产权在所有其他成员国都得到保护，该公约与《伯尔尼公约》一起构成了全世界范围内保护经济"硬实力"和文化"软实力"的两个"基本法"。1985 年 3 月 19 日中国成为该公约成员国。

《巴黎公约》包括以下重要原则：

①国民待遇原则。在工业产权保护方面，公约各成员国必须在法律上给予公约其他成员国相同于其该国国民的待遇；即使是非成员国国民，只要他在公约某一成员国内有住所，或有真实有效的工商营业所，亦应给予相同于该国国民的待遇。

②优先权原则。《巴黎公约》规定凡在一个缔约国申请注册的商标，可以享受自初次申请之日起为期 6 个月的优先权，即在这 6 个月的优先权期限内，如申请人再向其他成员国提出同样的申请，其后来申请的日期可视同首次申请的日期。

③独立性原则。申请和注册商标的条件，由每个成员国的该国法律决定，各自独立。对成员国国民所提出的商标注册申请，不能以申请人未在其该国申请、注册或续展为由而加以拒绝或使其注册失效。在一个成员国正式注册的商标与在其他成员国——包括申请人所在国——注册的商标无关。

④强制许可专利原则。《巴黎公约》规定：各成员国可以采取立法措施，规定在一定条件下可以核准强制许可，以防止专利权人可能对专利权的滥用。某一项专利自申请日起的 4 年期间，或者自批准专利日起 3 年期内（两者以期限较长者为准），专利权人未予实施或未充分实施，有关成员国有权采取立

法措施，核准强制许可证，允许第三者实施此项专利。如在第一次核准强制许可特许满 2 年后，仍不能防止赋予专利权而产生的流弊，可以提出撤销专利的程序。《巴黎公约》还规定强制许可，不得专有，不得转让；但如果连同使用这种许可的那部分企业或牌号一起转让，则是允许的。

要获得《巴黎公约》的保护，计算机软件企业首先必须在各自的成员国内申请专利和商标，以获得在《巴黎公约》其他成员国下的专利和商标保护。

（2）《商标国际注册马德里协定》（*Madrid Agreement Concerning the International Registration of Marks*）1967 年 7 月 14 日签订于斯德哥尔摩，1989 年 5 月 25 日生效。该协定是用于规定、规范国际商标注册的国际条约。有 92 个成员方。

任何缔约国的国民，可以通过原属国的注册当局，向成立世界知识产权组织（以下称"本组织"）公约中的知识产权国际局（以下称"国际局"）提出商标注册申请，以在一切其他本协定参加国取得其已在所属国注册的用于商品或服务项目的标记的保护。

此外，世界知识产权组织还在 1978 年发表了《保护计算机软件示范条款》，运用专利法、著作权法、不公平竞争法和商业秘密法的法律来保护计算机软件。遗憾的是，该示范条款对各国立法没产生多大的影响。

因此，计算机企业在全球部署软件保护方案时，首先应考虑根据相关国际条约，对软件进行著作权、专利权、商标权相关的国际、国内的登记或申请，以期获得各相关领域的保护。

（二）计算机软件的合并及跨界保护策略

就现有法律而论，著作权法是保护软件最为适宜的法律，能对软件能起到较为全面的保护。但由于著作权法本身在保护上的局限性，较难保护到开发软件所用的思想、概念、方法、原理、算法、处理过程和运行方法等，因此，计算机软件企业仍需积极追寻除著作权法以外的其他法律，将之共同应用于对软件的保护。

（1）在知识产权法律构架内，充分运用著作权、专利权、商标权法律对软件的知识产权进行交叉或重叠的保护。

毋庸置疑，在现有的知识产权法律体系下，著作权法对于软件的保护的有其他知识产权法所无法比拟的优点：首先，著作权的自动保护原则，使得软件几乎无需任何特别的法律程序就可以得到保护，这使计算机软件能得到及时的保护。其次，软件版权的取得无需创新性，只需有"独创性"。即便是同一种构思，相同的算法也可以有不同的表达方式实现。只要符合"独创性"，就可以有版权。最值得一提的是，著作权法赋予权利人最实质性的排除复制权。软件侵权最主要的表现形式是复制，虽然在互联网上复制的形式有多种，但是软件权利人仍有权禁止他人未经允许进行任何形式的复制。

然而，著作权保护只保护计算机软件的表现形式，并不保护其构思。而实际上构思比它的表现形式更重要，因为同一构思很多人可以用不同形式表现出来。构思要花很多时间才能形成，如果对它们不予保护，将不利于创新。因此，用著作权对计算机软件进行的保护可以说是不完整的。

而用专利法保护计算机软件可以有效地弥补著作权法保护的不足。比如专利法可以保护软件产品最核心的技术构思，专利法所强调的独占性与著作权法赋予作者有限的作品排他性形成鲜明的对比，它既可极大地满足软件权利人排他性的权利要求，也能够极大地调动权利人开发软件的积极性。当然专利法所要求的发明专利的审查时间较长，而且对新颖性的要求较高，这对于商业寿命较短的软件产品来说，申请专利保护就有点得不偿失。

因此，对于计算机软件的知识产权法律保护既不能只用著作权法，也不能只用专利法或者商标法。只有将专利法、著作权法、商标法等诸法结合，才能互相弥补不足，达到对软件的整体知识产权的保护。

（2）计算机软件的知识产权和商业秘密相结合的保护策略。

如前所述，软件著作权保护的是由开发者独立开发，并已固定在某种有形物体上的软件作品，不延及开发软件所用的思想、处理过程、操作方法或者数学概念等。著作权法只保护作品以及作品的表达形式。专利法虽然可以保护软件产品最核心的技术构思，但其申请时间长、披露范围大，在一定程度上不利于对软件的保护。而在计算机、互联网行业中，给经营者带来巨大商机的往往是在软件开发过程中所使用的思想、处理过程、操作方法或数学概念等。如果这些信息得不到合理和及时的保护，将会给企业带来巨大的信息灾难。能解决这些难题的便是结合商业秘密的保护方式。

商业秘密的保护则较为宽泛，不论是具有外在表现形式的物质载体，还是企业的经营理念或是技术代码，企业均可以通过商业秘密来加以保护。因此，对于计算机软件，企业可以根据该信息的主要内容和存在方式，合理选择著作权和商业秘密保护相结合的方式，能最大限度地实现对企业知识产权的保护。

案例三：HW 朗科科技责任有限公司诉思特奇公司和张某鹏侵犯著作权及商业秘密案

裁判规则： 如无相反证据，在作品上署名的主体视为作者。在《劳动合同》及保密协议中对于商业秘密范围也加以明确的前提下，员工违反约定获取、使用或者披露他人商业秘密的，视为侵犯商业秘密。

案情简介： 原告 HW 朗科科技责任有限公司（以下简称"HW 公司"）开发完成的计算机软件综合业务计费账务系统 V3.0 于 2003 年 3 月 10 日首次发表。上述软件由原告在国家版权局进行了计算机软件著作权登记。

2006 年 12 月 30 日，陕西省电信有限公司（以下简称"陕西电信"）与原告签订《陕西省电信有限公司综合计费账务系统改造工程合同书》对软件的所有权及非独占、非排他使用权进行了约定。2008 年 7 月，陕西电信与被告思特奇公司签订《中国电信陕西公司 IT 技术架构规划咨询合同》，双方约定陕西电信向思特奇公司提供的技术资料包括与 MBOSS 相关系统介绍及现状说明，其中包括计费账务系统。

2009 年 4 月 8 日，原告与被告张某鹏签订《雇佣合同》及《员工保密和竞业禁止承诺书》，约定张某鹏需履行保密义务，并对保密信息的范围进行了界定。2010 年 5 月 4 日，被告张某鹏从原告处辞职，根据《离职手续表》显示，张某鹏在原告的工作部门为该公司设立的电信陕西客户业务部。2010 年 5 月 5 日，被告张某鹏和被告思特奇公司签订《劳动合同书》，张某鹏进入思特奇公司工作。张某鹏在思特奇公司工作期间，利用其曾经在原告及陕西电信工作时的便利，复制了被原告界定为商业秘密的IBAS软件的源程序和关键技术文档，并用于服务器中。

法院认定： 两被告对IBAS软件的源程序和关键技术文档的复制行为属于既侵犯了原告的著作权也构成了侵犯商业秘密的不正当竞争行为的竞合行为。

因此，计算机企业在制定各种具体的全球化策略是，应熟练运用各类知识产权法律和其他法律的特点和要求，同时在企业内部设立各项预警机制，防患于未然。

(3) 计算机软件企业进行计算机软件全球化保护的具体策略。

①增强软件知识产权保护意识，深入了解国内外有关软件保护的法律法规；

②对研发成功的新软件及时依法登记，从而使企业在激烈的市场竞争中占据优势地位；

③为软件产品在各国注册商标，为软件产品增加一道安全保障；

④企业与员工签订保护软件商业秘密协议，建立健全防范不正当竞争的管理制度，并完善掌握企业软件产品商业秘密的相关员工管理制度；

⑤依靠软件企业行业协会，积极应对软件商业运作中的各种纠纷；

⑥建立应急和预警机制，设立软件企业的国内外预警机制。

第四篇

版权维权实务及案例分析

动漫角色形象的著作权维权实务

屈文静[*]

近年来，有关动漫角色形象的著作权纠纷日益增多，这些角色形象包括大家熟知的"米老鼠""葫芦娃""黑猫警长""孙悟空""大头儿子"等经典动漫角色形象。法律的生命不在于逻辑，而在于经验。关于动漫角色形象是否可以受到著作权法保护等相关法律问题，人民法院根据著作权法的规定、法学理论及司法经验，在实践中已形成一定共识。本文结合法院裁判文书，就动漫角色形象的著作权维权的司法实践进行归纳、总结。

一、动漫角色形象的请求权基础

请求权基础，即可供一方当事人得向他方当事人有所主张的法律规范。[❶] 动漫角色形象受到著作权法保护，必须存在著作权法律规范的支撑。而是否受到著作权法的保护，即动漫角色形象的可版权性问题。

（一）动漫角色形象的可版权性

所谓的可版权性，是指该作品可以受到著作权法的保护。"在国际上，如

---

[*] 屈文静：律师，毕业于中山大学法学院，法学学士。现为广东万诺律师事务所律师，争议解决部负责人，国家版权贸易基地（越秀）维权专家委员会委员。一直致力于知识产权、公司法等方面的法律研究与实践，处理各类诉讼案件标的多达数十亿元。同时担任多家企业常年法律顾问。其在争议解决及法律顾问方面均具有非常丰富的实践经验。

[❶] 王泽鉴. 法律思维与民法实例——请求权基础理论体系 [M]. 北京：中国政法大学出版社，2001：50.

果确定了某作品可受版权保护,则称该作品具有"版权性"(Copyrightability,或 Authorship)❶ 根据《著作权法》及《著作权法实施条例》之相关规定,动漫角色形象能够作为《著作权法》的保护客体,需具备两个条件,一是动漫角色形象具有独创性,二是该动漫角色形象需为思想的外在表达。

独创性至少包括两方面的要求,一是独立创作,二是创作结果具有最低限度的创造性。动漫角色形象一般源于影视等作品,而动漫角色形象在肢体姿态、面部表情等方面均可体现独创性。在上海美术电影制片厂有限公司与天联广告传媒(上海)有限公司侵害作品复制权纠纷案中,上海市杨浦区人民法院认为:依照《著作权法实施条例》第 2 条关于"著作权法所称作品,是指文学、艺术和科学领域内具有独创性并能以某种有形形式复制的智力成果"之规定,涉案"Q 版孙悟空"美术作品系速达独立创作完成的,表达具有一定程度的智力创造性,整体具备独创性,依据《著作权法》第 3 条之规定,属于美术作品。❷

在上海美术电影制片厂有限公司与武汉新金珠宝首饰有限公司侵害著作权、不正当竞争纠纷案中,湖北省高级人民法院认为:本案中电影作品《大闹天宫》中大量的"孙悟空"美术形象,其表现形式既借鉴了真人的体格形态,又采用了虚拟夸张的手法,具有独创性,属于利用线条、色彩、图案等表现方式构成的具有审美意义的作品,符合《著作权法实施条例》规定的美术作品的特征,属于著作权法意义上的美术作品。❸

在广东原创动力文化传播有限公司与广州市澳之星商贸发展有限公司等侵害著作财产权纠纷上诉案中,广州市中级人民法院在涉案动漫角色形象已进行著作权登记的情况下,仍进一步强调:原创公司享有著作权的上述美术作品是对真实动物形象进行了拟人化的特别处理,在相貌、造型等方面具有显著性特征,体现了作者的独有的创意。❹

---

❶ 郑成思. 版权法 [M]. 北京:中国人民大学出版社,2009:103.
❷ 上海市杨浦区人民法院 (2016) 沪 0110 民初 12045 号民事判决书。
❸ 湖北省高级人民法院 (2017) 鄂民终 71 号民事判决书。
❹ 广州市中级人民法院 (2014) 穗中法知民终字第 1339 号民事判决书。

动漫角色形象是否为思想的外在表达？大量的作品角色（特别是文学作品角色）往往只能被分散、间接地表现，其角色形象难以有特定的统一认识，很难给读者带来完整的独特印象，所以大部分文学作品角色很难得到著作权法的保护。而动漫角色形象不仅存在于概念层面，还存在于反映角色外部特征的角色上，可以给人留下清晰、直观的视觉印象。因此，动漫角色形象属于思想的外在表达。❶

在胡进庆、吴云初诉上海美术电影制片厂著作权权属纠纷上诉案中，上海市第二中级人民法院认为："葫芦娃"造型设计的作者首次以线条勾勒出"葫芦娃"的基本造型，塑造出炯炯有神、孔武有力、天真可爱的"葫芦娃"角色造型，其通过手工绘制形成的视觉图像，并结合线条、轮廓、服饰以及颜色的运用形成特定化、固定化的"葫芦娃"角色造型，已不再停留于抽象的概念或者思想，其所具有的艺术性、独创性和可复制性，符合我国著作权法规定的美术作品的构成要件，应受法律保护。❷

（二）动漫角色形象属于美术作品

动漫角色形象可以受到《著作权法》的保护，那么其属于《著作权法》规定的何种作品？根据《著作权法》第3条之规定，"本法所称的作品，包括以下列形式创作的文学、艺术和自然科学、社会科学、工程技术等作品：（一）文字作品；（二）口述作品；（三）音乐、戏剧、曲艺、舞蹈、杂技艺术作品；（四）美术、建筑作品；（五）摄影作品；（六）电影作品和以类似摄制电影的方法创作的作品；（七）工程设计图、产品设计图、地图、示意图等图形作品和模型作品；（八）计算机软件；（九）法律、行政法规规定的其他作品。"《著作权法实施条例》第4条对美术作品的含义进行了解释，即美术作品是指绘画、书法、雕塑等以线条、色彩或者其他方式构成的有审美意义的平面或者立体的造型艺术作品。因动漫角色形象通常以线条、色彩、图案、形状等表现方法形成的具有人物造型艺术外在形式，具有一定的审美意

---

❶ 张丹丹. 著作权法在保护虚构角色形象方面的局限及对策 [J]. 法学，2010（4）：75-85.
❷ 上海市第二中级人民法院（2011）沪二中民五（知）终字第62号民事判决书。

义，因此动漫角色形象属于《著作权法》规定的美术作品。

在上述提及的上海美术电影制片厂有限公司与天联广告传媒（上海）有限公司侵害作品复制权纠纷案以及上海美术电影制片厂有限公司与武汉新金珠宝首饰有限公司侵害著作权、不正当竞争纠纷案中，人民法院在判决书均明确，动漫角色形象属于美术作品，部分法院还就为何是美术作品进行了阐述。

（三）动漫角色形象可以单独受到著作权法的保护

根据检索公开的裁判文书发现，多数被告均会提出动漫角色形象不能单独进行保护的问题。根据《著作权法》第15条之规定，电影作品和以类似摄制电影的方法创作的作品中的剧本、音乐等可以单独使用的作品的作者有权单独行使其著作权。事实上，动漫角色形象具有区虽于其他角色的显著性特征，从而可以将其从原作品中抽离出来。动漫角色形象通过独特的相貌、美装或其他显著性特征可以与其他角色予以区分。因此，动漫角色形象可以从原作品中分离出来单独使用，其可以单独受到著作权法的保护。在上海美术电影制作厂有限公司与杭州玺匠文化创意股份有限公司侵害著作权纠纷上诉案中，浙江省高级人民法院认为：角色形象与故事情节、画面背景、道具台词等元素紧密结合而形成一部完整的动画影视作品，是动画影视作品中最重要的要素之一。角色形象可以从动画影视作品中分离出来单独使用，性质上属于美术作品。❶

在上海美术电影制片厂有限公司与武汉新金珠宝首饰有限公司侵害著作权、不正当竞争纠纷案中，湖北省高级人民法院认为：虽然电影作品是利用技术手段将众多创作活动凝结在一起的复合体，但美术作品作为电影作品中可以单独使用的独立作品，其作者有权单独行使著作权。❷

在胡进庆、吴云初与上海美术电影制片厂著作权权属纠纷案中，上海市黄浦区人民法院认为：由于系争造型可以从电影中抽离出来，并独立地使用

---

❶ 浙江省高级人民法院（2016）浙民终590号民事判决书。
❷ 湖北省高级人民法院（2017）鄂民终71号民事判决书。

在其他的商品或服务标识之上,事实上,多年来原、被告分别起诉的众多著作权侵权案件,也从侧面印证了系争造型已被他人进行独立于影片的单独使用,故"葫芦娃"角色造型美术作品属于可以单独使用的作品。❶

在上海世纪华创文化形象管理有限公司与湖北新一佳超市有限公司侵害著作权纠纷上诉案中,湖北省高级人民法院认为:虽然我国《著作权法》第15条第2款仅明确了"剧本""音乐"两种可以单独使用的作品,但影视作品创作的过程,实际上也是影视作品塑造角色的过程,一个著名的角色可以独立于特定的作品而活在公众的想象中。角色形象与运用该角色形象推动情节发展的影视作品属于部分与整体的关系,二者在客观表现形态上可产生分离,并且在市场经济时代,这些角色形象往往被商业化使用,产生丰厚的经济收益。❷

(四) 动漫角色形象与商品化权

动漫角色形象在商业领域使用的权利,学界将其称为"角色商品化权"或者"角色形象权"。而所谓的"角色商品化权",在现行法律中没有明确规定,只存在于学理上的探讨。因此,司法实践中,人民法院不会以商品化权作为法律依据,支持权利人的主张。然而,部分法院会在论证一些问题时提及相关内容。如上海世纪华创文化形象管理有限公司与湖北新一佳超市有限公司侵害著作权纠纷上诉案中,湖北省高级人民法院认为:在市场经济时代,这些角色形象往往被商业化使用,产生丰厚的经济收益。本案中的"迪迦奥特曼"角色形象因其外部特征和性格内涵,深受儿童喜爱,被控侵权商品正是利用儿童对"迪迦奥特曼"这一角色的好感,将"迪迦奥特曼"角色形象复制在其商品上,意图引起消费者潜在的购买或消费的欲望。❸

因此,司法实践普遍认为,动漫角色形象在满足创造性、为思想的外在

---

❶ 上海市黄浦区人民法院(2010)黄民三(知)初字第28号民事判决书。
❷ 湖北省高级人民法院(2012)鄂民三终字第23号民事判决书。
❸ 关于商品化权,见郑成思. 商品化权刍议 [J]. 中华商标,1996 (2);吴汉东. 形象的商品化与商品化的形象权 [J]. 法学,2004 (10);朱槟. 关于角色的商品华问题 [J]. 中外法学,1998 (1);刘银良. 角色促销:商品化权的另一种诠释 [J]. 法学,2006 (8);郭晓红. 知名形象商品化法律问题研究 [J]. 法律适用,2007 (7);等等。

表达的前提下，其可以单独作为美术作品受到著作权法的保护。

二、动漫角色形象著作权归属的认定

权利人享有著作权，是其主张权利的基础。如前所述，动漫角色形象可以脱离原作品而受到著作权法的保护，但由于动漫角色形象与原作品之间的特殊关系，其权属的认定会十分复杂。

（一）动漫角色形象已做著作权登记

因动漫角色形象能否单独受到著作权法保护存在一定争议，且为举证责任轻重考虑，很多权利人已经将动漫角色形象单独申请著作权登记，以获取著作权法更有力的保护。因此，在没有相反证据的情况下，人民法院可直接就其著作权进行认定。经过检索裁判文书发现，米老鼠、喜羊羊、熊大、熊二等角色形象均进行了著作权登记。在北京瑞宸众合商贸有限公司与深圳市盟世奇商贸有限公司侵犯著作权纠纷一案中，北京市朝阳区人民法院认为：当事人提供的著作权登记证书可以作为证明著作权归属的初步证据。华强公司对涉案美术作品熊大、熊二以职务作品著作权人身份进行了著作权登记并取得登记证书，根据该证书上载明的信息，在无相反证据的情况下，可以认定华强公司为涉案美术作品熊大、熊二的著作权人。[1]

广东原创动力文化传播有限公司与广州市澳之星商贸发展有限公司等侵害著作财产权纠纷上诉案中，广州市中级人民法院认为：我国《最高人民法院关于审理著作权民事纠纷案件适用法律若干问题的解释》第7条规定，"当事人提供的涉及著作权的底稿、原件、合法出版物、著作权登记证书、认证机构出具的证明、取得权利的合同等，可以作为证据。"原创公司是电视动画片《喜羊羊与灰太狼》的制作者，其对该作品的主角造型包括"喜羊羊""美羊羊""慢羊羊""懒羊羊"等进行了美术作品著作权登记，在没有相反

---

[1] 北京市朝阳区人民法院（2014）朝民初字第12594号民事判决书。

证据的情况下，原审法院确认原创公司对美术作品"喜羊羊""美羊羊""慢羊羊""懒羊羊"享有著作权。❶

(二) 未单独登记的动漫角色形象著作权归属

根据《著作权法》第 15 条之规定，电影作品和以类似摄制电影的方法创作的作品的著作权由制片者享有。因动漫角色形象来源于最初的影视等作品，因此权利人往往通过证明其享有影视等作品的著作权，进而证明其享有动漫角色形象的著作权。在上海美术电影制片厂与湖南广播电视台卫视频道、湖南快乐阳光互动娱乐传媒有限公司著作权权属、侵权纠纷案中，湖南省高级人民法院认为：根据本案查明的事实，原告主张权利的涉案美术电影《葫芦娃》彩色动画 VCD 片片头出现"上海美术电影制片厂"字样，且其外包装及三张光盘的盘封、盘芯上均载明"上海美术电影制片厂出品"字样，可以认定原告上海电影厂系美术电影《葫芦娃》的著作权人，因此在没有其他相反证据证明的情况下，上海美术电影制品厂享有《葫芦娃》中"葫芦娃""蛇精"美术作品著作权。虽然被告辩称原告并非"葫芦娃""蛇精"形象的著作权人，但未提出相反证据，法院依法认定原告是涉案"葫芦娃""蛇精"美术作品的著作权人。❷

同时，《著作权法》并未明确制片人当然拥有可以独立使用的作品著作权，因此不能简单地认为制片人就是动漫角色形象的著作权人。在上海世纪华创文化形象管理有限公司与湖北新一佳超市有限公司侵害著作权纠纷上诉案中，湖北省高级人民法院认为：上海华创取得的是影视作品的著作权，不能仅仅依据其享有的影视作品著作权就来对影视作品中的角色形象主张权利，就像影视作品的制片者无权对影视作品中的剧本、音乐等可单独使用的作品在其被单独使用时主张权利一样。上海华创主张"迪迦奥特曼"角色形象属《迪迦奥特曼》影视作品中可单独使用的作品，符合法律规定，本院予以支持，但认为"迪迦奥特曼"角色形象的著作权当然地由其享有，无法律依据，

---

❶ 广州市中级人民法院（2014）穗中法知民终字第 1339 号民事判决书。
❷ 湖南省高级人民法院（2014）长中民五初字第 00375 号民事判决书。

法院不予支持。❶

在上海美术电影制片厂与曲建方、电子工业出版社著作权权属纠纷上诉案中，上海市高级人民法院认为，如果将著作财产权归属于一方享有显然会导致利益失衡，并有违公平原则，从诚实信用原则出发，确认由上海美术电影制作厂和曲建方共同享有"阿凡提"动漫角色形象的著作财产权。而在胡进庆、吴云初与上海美术电影制片厂著作权权属纠纷案中，上海市第二中级人民法院则认定，上海美术电影制作厂享有"葫芦娃"角色造型美术作品除署名权以外的其他著作权。

因此，在认定动漫角色形象的著作权归属时，应结合著作权登记情况、原作品的权利人等情况，具体问题具体分析。为更好地维护自身权益，权利人可对动漫角色形象进行著作权登记。

三、动漫角色形象侵权的认定

《著作权法》第47条及第48条规定了侵权行为的法律责任，但《著作权法》并未规定侵权的认定规则。在司法实践中，人民法院常以"实质性相似+接触"作为侵权的认定规则。"实质性相似+接触"是用来推断和判定复制、剽窃等侵犯著作权行为的认定规则。

（一）接触与实质性相似

法院对于"接触"少有评论，被告也很少据此抗辩。在上海美术电影制片厂与湖南广播电视台卫视频道、湖南快乐阳光互动娱乐传媒有限公司著作权权属、侵权纠纷案中，湖南省高级人民法院认为：因《葫芦娃》动画片已公开播映并具有一定的知名度，涉案的"葫芦娃""蛇精"作品系《葫芦娃》动画片主角造型，故可以认定被告有接触该作品的可能性。❷

是否实质性相似，则涉及动漫角色形象与侵权内容进行对此，人民法院

---

❶ 湖北省高级人民法院（2012）鄂民三终字第23号民事判决书。
❷ 湖南省高级人民法院（2014）长中民五初字第00375号民事判决书。

认为对比的对象不应是单一的动作、姿态、表情的角色形象,而是角色的整体形象。在上海美术电影制作厂有限公司与杭州玺匠文化创意股份有限公司侵害著作权纠纷上诉案中,浙江省高级人民法院认为:在进行侵权比对时,应考虑到动画片故事主题和情节的需要,动画片角色表现形态具有多变性,因此在进行比对时不能完全静止地、孤立地比较,而应从作品整体的形象、设计的主旨和传达的信息等全面把握,比对的对象不仅仅是单一的动作、姿态、表情的作品形象,而是"Q版孙悟空"作品的整体形象。❶

在上海美术电影制片厂与湖南广播电视台卫视频道、湖南快乐阳光互动娱乐传媒有限公司著作权权属、侵权纠纷案中,湖南省高级人民法院认为:经当庭比对,涉案权利作品与被控侵权作品相比,二者虽表情存在差异,但衣饰、发型、相貌等主要特征相似、整体形象相似,且被控侵权作品在播放过程中亦标注有"葫芦兄弟",二者构成实质性相似。❷

(二)动漫角色形象的适当引用

合理使用、法定许可等制度从不同角度对著作权人的权利内容、权利的行使方式等进行限制。其中,合理使用是动漫角色形象著作权纠纷中常见的抗辩理由。《著作权法》第22条规定,"在下列情况下使用作品,可以不经著作权人许可,不向其支付报酬,但应当指明作者姓名、作品名称,并且不得侵犯著作权人依照本法享有的其他权利:(一)为个人学习、研究或者欣赏,使用他人已经发表的作品;(二)为介绍、评论某一作品或者说明某一问题,在作品中适当引用他人已经发表的作品……"其中,适当引用又是最常见的合理使用形式。《著作权法实施条例》第21条规定,依照著作权法有关规定,使用可以不经著作权人许可的已经发表的作品的,不得影响该作品的正常使用,也不得不合理地损害著作权人的合法利益。

在判断是否为适当引用时,应考虑引用的目的、所占比例、是否影响被引用作品的正常使用、是否损害权利人合法利益等因素。在上海美术电影制

---

❶ 浙江省高级人民法院(2016)浙民终590号民事判决书。
❷ 湖南省高级人民法院(2014)长中民五初字第00375号民事判决书。

片厂与浙江新影年代文化传播有限公司、华谊兄弟上海影院管理有限公司著作权权属、侵权纠纷上诉案中，上海知识产权法院认为电影《80后的独立宣言》中使用"葫芦娃""黑猫警长"角色形象属于合理使用，并就相关问题进行论述："葫芦娃""黑猫警长"美术作品的比例是较小的，符合背景图案的功能。"葫芦娃""黑猫警长"是20世纪80年代代表性少儿动画形象，其如今以美术作品单纯的欣赏性使用作为正常使用的情况不多，因此，相关公众对该作品的使用需求通常情况下不太可能通过观赏涉案电影海报就能满足，从而放弃对原有作品的选择使用。因此，涉案电影海报中作为背景图案引用"葫芦娃""黑猫警长"美术作品不会产生替代性使用，亦不会影响权利人的正常使用。同时，涉案电影海报引用"葫芦娃""黑猫警长"美术作品旨在说明"80后"这一代20世纪80年代的少年儿童的年代特征，此创作应属特殊情况，不具有普遍性，而且涉案电影海报的发行期短暂，随着电影播映期的消逝，该电影海报的影响也会逐步减小，因此不会不合理地损害权利人的合法利益。法院认为，对此应当认定为适当引用。❶

因此，人民法院在认定是否侵犯动漫角色形象著作权时，与其他类型的著作权侵权的认定区别不大。

四、动漫角色形象侵权责任的承担

根据《著作权法》第48条的规定，侵权人应当根据情况，承担停止侵害、消除影响、赔礼道歉、赔偿损失等民事责任。在动漫角色形象著作权纠纷中，权利人要求承担的责任方式主要为停止侵害、赔偿损失以及消除影响、赔礼道歉。其中，停止侵害的责任方式争议不大，在此不展开论述。

（一）赔偿损失

《著作权法》第49条规定，侵犯著作权或者与著作权有关的权利的，侵权人应当按照权利人的实际损失给予赔偿；实际损失难以计算的，可以按照

---

❶ 上海知识产权法院（2015）沪知民终字第730号民事判决书。

侵权人的违法所得给予赔偿。赔偿数额还应当包括权利人为制止侵权行为所支付的合理开支。权利人的实际损失或者侵权人的违法所得不能确定的，由人民法院根据侵权行为的情节，判决给予50万元以下的赔偿。《最高人民法院关于审理著作权民事纠纷案件适用法律若干问题的解释》第25条规定，权利人的实际损失或者侵权人的违法所得无法确定的，人民法院根据当事人的请求或者依职权适用《著作权法》第49条第2款的规定确定赔偿数额。人民法院在确定赔偿数额时，应当考虑作品类型、合理使用费、侵权行为性质、后果等情节综合确定。

在司法实践中，权利人应举证实际损失金额或侵权人违法所得金额，一般由人民法院结合具体情况适用法定赔偿。在广东原创动力文化传播有限公司与广州市澳之星商贸发展有限公司等侵害著作财产权纠纷上诉案中，广州市中级人民法院认为：因原创公司未能提供证据证实其因侵权所受损失及澳之星公司因侵权所获利情况，故原审法院将根据作品类型、作品知名度、作品数量（本案涉及四个美术作品）、侵权行为的性质情节、主观过错、侵权者的企业类型及经营规模、原创公司为制止侵权行为所支付的合理费用等因素，酌情确定澳之星公司赔偿额为13500元（包括制止侵权行为所支出的合理费用）。❶

在上海美术电影制片厂有限公司与天联广告传媒（上海）有限公司侵害作品复制权纠纷案中，上海市杨浦区人民法院认为："关于赔偿数额，原告上海美术电影制作厂既不能证明其因被告天联公司的侵权行为而遭受的实际损失，也不能证明被告天联公司因涉案侵权行为而获得的利润，故本院将综合考虑涉案作品的知名度、独创性、被告天联公司侵权行为的性质、主观过错程度等因素酌定赔偿数额。同时，本院注意到以下因素：1.'Q版孙悟空'的形象是在《大闹天宫》经典版孙悟空形象的基础上进行的再创作，独创性相对不高；2.侵权行为发生在知名度较高、人流量较密集的正大广场；3.涉案宣传图的内容，以及涉案形象在涉案宣传图上的位置、比例、功能；4.原告上海美术电影制作厂授权许可他人使用'Q版孙悟空'形象的费用。关于

---

❶ 广州市中级人民法院（2014）穗中法知民终字第1339号民事判决书。

合理费用，原告支付的2000元公证费为制止侵权行为而产生的合理开支，本院予以确认。"❶

在北京瑞宸众合商贸有限公司与深圳市盟世奇商贸有限公司侵犯著作权纠纷案中，北京市朝阳区人民法院认为：关于赔偿损失的具体数额，由于盟世奇公司未举证证明其因瑞宸公司涉案侵权行为所遭受的损失数额，也未举证证明瑞宸公司因侵权行为所获利益的数额，故法院将综合考虑涉案美术作品的知名度、影响力、瑞宸公司涉案侵权行为的性质、情节、主观过错程度、产品销量等因素酌情确定。关于诉讼合理开支，法院将根据盟世奇公司的举证情况以及必要性、合理性等因素一并酌定。❷

（二）赔礼道歉与消除影响

赔礼道歉的法律责任具有双重人身属性，即只能由侵权人本人就著作人身权受侵害的自然人作者赔礼道歉。在上海美术电影制片厂与湖南广播电视台卫视频道、湖南快乐阳光互动娱乐传媒有限公司著作权权属、侵权纠纷案中，湖南省高级人民法院认为：赔礼道歉是侵犯人身权应承担的民事责任，本案被告湖南卫视侵犯了原告对权利作品享有的复制权，但未侵犯其人身权，故不应判令其承担赔礼道歉的民事责任，原告的相关诉讼请求本院不予支持。❸

根据《著作权法》的规定，赔礼道歉与消除影响均为一种独立的民事责任。但也有法院认为消除影响足以消除不利影响，而不支持赔礼道歉。上海美术电影制片厂与广州网易计算机系统有限公司著作权侵权纠纷一案中，广州市天河区人民法院认为：关于消除影响及赔礼道歉的诉讼请求，被告在涉案视频中使用了原告享有权利的葫芦娃卡通形象美术作品，但未依法指明该作品名称，给原告的合法利益造成了一定的影响，故被告应承担消除影响的民事责任，消除影响的方式应当与被告使用行为的特征及涉案视频的影响范围相适应，法院认为被告应在其经营的网易网站 www.163.com 数码频道首页

---

❶ 上海市杨浦区人民法院（2016）沪0110民初12045号民事判决书。
❷ 北京市朝阳区人民法院（2014）朝民初字第12594号民事判决书。
❸ 湖南省高级人民法院（2014）长中民五初字第00375号民事判决书。

连续 48 小时刊登关于涉案视频《数码贱男》中使用的原告享有权利的葫芦娃卡通形象美术作品名称的声明，被告以此方式足以消除其行为给原告造成的不利影响，故对原告要求被告在《人民日报》及新浪网中持续一周刊登道歉声明的诉讼请求不予支持。❶

因此，当事人可结合人民法院认定责任承担时考量的因素，进行举证、答辩等诉讼活动。

根据现有的法律规定，动漫角色形象可依著作权法、商标法、反不正当竞争法等法律规定加以保护，但结合动漫角色形象的特点，著作权法的保护无疑最为重要。人民法院在处理此类著作权纠纷中已经积累了丰富的实践经验，以上即人民法院常见的处理意见。

---

❶ 广州市天河区人民法院（2014）穗天法知民初字第 1114 号。

从《疯狂动物城》侵权案看动画作品的实质性相似认定

咸芳[*]

2017年7月11日,《疯狂动物城》(Zootopia)侵权案,原告海滨大道制片公司(Esplanade Pictures)被判一审败诉。法官(Michael Fitzgerald)在判决书中指出,由于原告方没有提供充分的作品创作细节供法庭对两部作品存在实质性相似予以比对和审查,因此不能认定迪士尼出品的《疯狂动物城》抄袭了加里·戈德曼(Gary Goldman)的作品(见图1)。

(a) 戈德曼作品

(b) 迪士尼作品

图1 戈德曼作品与迪士尼作品对比

---

[*] 咸芳:广东广信君达律师事务所律师,兰州大学法律硕士。国家版权贸易基地(越秀)维权专家委员会委员,国家版权经纪人。执业领域涵盖知识产权保护、外商投资、国际贸易、金融、投资与并购等。

虽然原告方在起诉书中指称迪士尼出品的《疯狂动物城》在故事情节、剧本对白及角色设计上等方面均存在严重的抄袭行为，然而却没有能够提交更多作品细节加以证明。原告方提供了上图角色对照以证明两部作品存在实质性相似，法官则认为："两部作品在角色形象上的差异远远超过相似之处，主要表现在以下三个方面：（1）两组作品在动物拟人形象设定上均不相同，迪士尼作品的主人公是一只狐狸和一只兔子，而戈德曼作品的主人公是一只鬣狗和一只松鼠，其他的角色也完全是不同动物；（2）戈德曼的角色形象没有穿衣服，而《疯狂动物城》中的角色形象都精心设计了服装；（3）两部作品在绘画风格上也大相径庭。《疯狂动物城》中的角色绘画风格更为可爱鲜明，而戈德曼作品在绘画风格上偏于阴暗。"

动画作品的实质性相似判断在理论和实践中均较为复杂，其本身可以看作是静态的美术作品与动态的影视作品的结合体。从动画作品创作过程来看，最初为动画角色的静态创作，作者构思出虚拟人物、动物或其他物品的形象，通过绘画或以其他美术手法创作出角色相貌、服饰、表情等。这些角色形象具有独创性和美感，构成著作权法所规定的美术作品。动画角色只是动画作品的要素之一，与故事情节、画面背景、道具、台词、音乐、拍摄手法等其他元素紧密结合方能形成一部完整的动画作品。因此动画作品往往呈现给读者一个整体的感受，这种感受不能通过作品的某一个部分进行传达。

关于动画作品是否构成剽窃，需要整体进行判断，不能严格局限于某一个要素或某一方面，否则抄袭者可能通过非实质性的更改来逃避责任。目前在司法实践中判断著作权侵权案件的通用标准为实质性相似接触原则，并逐步发展成所谓的"三步检验法"：首先，确定两部作品的相似之处属于作品的思想还是表达，剔除思想部分；其次，确定相似的表达是原作品独创的表达还是惯常的表达，过滤惯常表达部分；再次，比较独创性表达在两部作品中是否构成实质性相似。在考虑实质性相似过程中法院应当考虑定性和定量的问题。包括：（1）涉嫌抄袭部分与整体的比例；（2）涉嫌抄袭的部分构不构成作品的核心；（3）普通民众看到涉嫌抄袭部分会不会与原作之间产生联想；（4）如果从这个作品中剥离该部分是否会损害作品的经济价值。

在本案中迪士尼《疯狂动物城》描述了一个虚拟的动物社会，它如同人类社会一样有着阶级和特权，动物们在和谐相处的同时也有着社会的黑暗和阴谋的一面，兔子朱迪通过自己的努力奋斗成为动物警察，并和狐狸尼克一起发现并阻止了一个巨大的阴谋。戈德曼在起诉书中称，他于2000年8月在美国编剧协会注册了一个名叫《鲁尼》的电影项目，作为其《疯狂动物城》系列电影中的首部作品，迪士尼的《疯狂动物城》和戈德曼所设计的《疯狂动物城》一样，都创造了一个反映复杂人类社会的动物世界，这个社会包括了基于不同物种特征的阶级和权力结构。为证明两部作品存在实质性相似，原告方共提出10项指控，指控被告在：（1）作品主题；（2）情景设定；（3）人物对白；（4）动画角色；（5）故事情节及事件发展；（6）作品情绪和节奏；（7）艺术表现方法；（8）作品名；（9）作品元素的挑选、排序及组合；（10）作品的商品化方面均侵害了原作者的权利。如前文分析，动画作品构成要素包括主题、主线情节、人物角色、展开情节、具体场景、文字描述、人物对话等。这些要素单独都不构成著作权意义上的表达，而是在创作作品的过程中将这些要素由抽象变成具体，加入独创性而形成表达。

　　法院在进行实质性相似判断过程中常引入"总体概念和感觉"（Total concept and fell）进行评估，从普通观察者的角度来看情节、情绪、文本、设置、事件顺序和特征相似程度，以确定被告是否已经掌握了原告工作的总体概念和感觉。有的法院使用层层抽象概括检验法，将原告与被告的作品分别进行逐层抽象的概括，然后考察二者之间的相似究竟是在思想层面还是在表达层面。但无疑上述判断均存在界限模糊的弊端，在适用时也不可一概而论。

　　例如，2016年年底，上海浦东法院对美国迪士尼公司《赛车总动员》系列电影与国产电影《汽车人总动员》著作权侵权及不正当竞争纠纷一案做出判决，认定影片《汽车人总动员》侵犯《赛车总动员》主要角色动画形象著作权。法院认为，"闪电麦坤"和"法兰斯高"动画形象通过拟人化的眼部、嘴部以及特定色彩的组合，构成独创性表达，而被告恰恰在上述设计上复制了原告的独创性表达，两者构成实质性相似。本案在审理过程对相似性判断基本上符合"总体概念和感觉"的认定方法，然而抛开两部作品的其他相似元素不谈，单就"闪电麦坤"和"法兰斯高"两个动画形象拟人化创作本身是否构成实质性相似却是值得探讨的。法院认为："两者都是将挡风玻璃处设计为眼部，并包括可上下移动的上眼睑，都将气格栅处设计为嘴部。此外，两者还采了近似的涂装色"，由此认定二者存在实质性相似。因汽车拟人类作品受其本身创作素材发挥空间的限制，纵观国内外相似作品不难发现将眼部、眼睑、嘴部做此安排的作品不在少数，因此很难说迪士尼出品的《赛车总动员》的两个赛车的拟人形象具有独创性，并且如果限制了汽车拟人化的此种表达方式，那么对于作品的创作与发展是不利的。Walker 法官在阿尔泰案中曾说："著作权法的旨趣不在于简单地给予勤勉的人以独占权，而在于通过奖赏艺术创造促进公共福利，在于对不受保护的思想的自由使用和发展的态度。"因此，在将两部动画作品进行实质性相似分析对比时，应更多地关注两部动画的创作的整体进行，这样更有利于平衡各方的利益和有利于艺术和创作和传播。

然而在一些作品本身相似度很难判断的情况下，总体概念和感觉难以做出准确的结论，因此，需要对作品的独创性元素进行划分，并作细致的比对，分析两部作品中的相似部分、相似部分中具有独创性的表达部分，以及对相似的独创性表达是否构成实质性相似性进行综合评析。独创性是一件作品受到法律保护的实质性要件。在司法实践中，独创性的认定更是直接影响到著作权案件的性质，只有在确认了作品是否具有独创性以后，才能认定该作品是否受到著作权法的保护。以艾影（上海）商贸有限公司与上海丫丫信息科技有限公司、上海壹佰米网络科技有限公司侵害作品复制权纠纷案为例。原告称：两被告所使用的"叮咚小区"应用软件图形与"哆啦 A 梦"卡通形象的身体躯干部分构成实质性相似，且"叮咚小区"文字图形与"哆啦 A 梦"文字图形构成实质性相似。两被告的行为侵犯了原告对"哆啦 A 梦"卡通形象以及文字图形所享有的复制权及改编权，故请求法院判令两被告停止侵权行为、消除影响并赔偿原告经济损失。法院认为："首先，对原告主张权利的'哆啦 A 梦'卡通形象而言，其表现的是憨态可掬又机智过人的'哆啦 A 梦'的猫型机器人造型，而蓝、白色构成的圆脸、圆眼睛、红鼻子、左右各三条猫须以及没有耳朵的猫脸造型无疑是该美术作品中最具有独创性的部分，集中体现了作者所要表达的该猫型机器人憨态可掬、机智过人的特质。而较之猫脸造型部分，'哆啦A梦'躯干部分的独创性不高，其红色项圈、白色口袋、黄色铃铛以及蓝色身体的要素均较为常见，线条亦不复杂。单独将'哆啦A梦'的躯干部分剔出展示，无法完整表达出作者对该猫型机器人所要追求的艺术形象和审美效果。因此，'哆啦A梦'卡通造型的躯干部分作为美术作品的一部分，其独创性水平较低，因此二者不构成实质性相似。"[1]

《疯狂动物城》侵权纠纷尚未盖棺定论，法官给予原告方修正补充提交证据的机会，在二审中双方定会在更多的创作细节的实质性相似比对方面展开交锋。动画作品构成要素复杂特点决定了对其采取实质性一致的判断标准不能一概而论，无论采用哪种方法，都须在对作品中的表达与作品之间的实质性相似的判断之中妥善解决权利人利益与社会公共利益的平衡问题，并以"繁荣文化，促进传播"这一永恒主题为目标。

---

[1] 上海市浦东新区人民法院（2014）浦民三（知）初字第1097号民事判决书。

论 3D 打印中的"异形复制"

袁博[*]

在 20 世纪，根据输入指令打印出操作者头脑中的物体似乎还是一种浪漫的科幻，时至今日，这一梦想却已经逐渐变为现实。在国外，科学家和工程师们借助 3D 打印图纸复制出了全尺寸的自动步枪、F1 赛车和飞机。而在中国，3D 打印技术的发展势头同样非常迅猛。据报道，2016 年 5 月 6 日，我国诞生了世界第一个 3D 打印金属人体植入椎体，并获得国家食品药品监督管理总局注册批准。同年，北京大学第三医院利用 3D 打印技术，在为一名患者切除五节段脊椎肿瘤后，成功植入了多节 3D 打印的椎体植入物，这标志着我国在相关领域已经走在了世界前列。那么，什么是 3D 打印技术呢？

一、3D 打印技术凸显"异形复制"问题

3D 打印的技术特点在于可以完全脱离传统的模具生产和机械加工，实现了从图形数据到零件实体的无缝转换，从而大大节省了工业品制作时间，极大缩短了产品的研制周期，提高了生产率并降低了生产成本。[1] 其工作原理是：首先利用图形设计软件给要打印的产品建立对应的 3D 数字模型（CAD 文件）；再将建成的 3D 数字模型从某一方向（例如水平方向）切分为多层平面，并存储为打印机可以识别的 STL 文件；然后利用 3D 打印机将 STL 文件所对应的多个薄层数据逐层打印出来，使用的原料不是传统二维打印机的墨粉，

---

[*] 袁博，上海市第二中级人民法院法官，中国法学会会员，北京大学硕士，同济大学博士（在读），迄今为止在各类期刊、报纸发表论文、评论 500 余篇。

[1] 李大光. 3D 打印或带来武器变革 [N]. 北京日报，2013-05-08.

而是能够快速黏合成型的特殊塑料、高分子树脂、金属粉末等材料；最后将打印得到的薄层层层叠合黏结成为一个三维实体产品。

从打印机理不难看出，3D 打印与传统的二维复制在技术上截然不同，这就不可避免地带来一个问题：从 3D 数字化的设计图到最终打印完成的产品之间，是否发生了著作权法上的"复制"关系？解决好这一问题，不但能够划定 3D 打印设计图作者的权利边界，明晰 3D 打印中的合理使用方式，而且对于 3D 打印行业的发展，有着不可估量的重要意义。从技术特点上说，3D 打印颠覆了传统的"从平面到平面"复制模式和"从立体到立体"的复制模式，表现为从二维设计图到三维立体产品的再现，实为一种"增维复制"或者"异形复制"（"异形复制"包括"增维复制"和从三维到二维的"减维复制"）。那么，这种特殊形态的"异形复制"是否符合我国著作权法上关于"复制"的定义呢？

二、关于"异形复制"的国内外规定与实践

（一）国外立法情况

（1）法国：有限承认"异形复制"。法国著作权法第 L. 122-3 条规定，复制可以通过印刷、绘画、雕刻、摄影等手段进行，就建筑作品而言，根据一份设计图纸进行施工也构成复制。❶

（2）德国：抽象规定。德国著作权法第 16 条规定，复制权是指制作复制件的权利，无论这种复制的方式是临时性的还是永久性的，无论复制的数量是多还是少。❷

（3）英国：有限承认"异形复制"。英国著作权法第 17 条规定，复制的具体手段因作品类型而不同，其中对艺术作品的复制而言，包括对平面作品

---

❶ 十二国著作权法翻译组. 十二国著作权法 [M]. 北京：清华大学出版社，2011：69.

❷ 十二国著作权法翻译组. 十二国著作权法 [M]. 北京：清华大学出版社，2011：150.

的立体复制和对立体作品的平面复制。[1]

（4）美国：有限承认"异形复制"。美国在《建筑艺术作品法》中认可按照建筑设计图进行施工属于复制。[2]

从上述两大法系的代表国家来看，"异形复制"在不同程度上被认可，值得注意的是法、英、美均只在建筑作品或者艺术作品单一领域承认"异形复制"。并且，多数国家对复制内涵的描述有一个共同点，即"不增加创作内容"。[3]

（二）国内立法情况

我国现行《著作权法》第10条规定，复制权，即以"印刷、复印、拓印、录音、录像、翻录、翻拍等方式"将作品制作一份或者多份的权利。该法条属于以不完全列举的方式对"复制权"作出的定义。从列举的"印刷、复印、拓印、录音、录像、翻录、翻拍"七种方式观察立法是否认可"异形复制"（诸如按设计图制造雕塑）难以看出端倪。部分学者试图从第一部《著作权法》（1990年施行）中的"按照工程设计、产品设计图纸及其说明进行施工、生产工业品的，不属于本法所称的复制"的条款的存废变化来说明"异形复制"其实从未被立法者忽略过，而条款的今昔演变似乎暗示了"异形复制"已经得到认可[4]；然而更多的学者并不认为这种演变具有颠覆原有模式，将"异形复制"纳入"复制"范围的意义[5]。

（三）国内司法实践

实践中，司法机关已经通过一些案件，表明了对"异形复制"的肯定态度，如范英海等与北京市京沪不锈钢制品厂著作权纠纷案、南京现代雕塑中心与南京时代雕塑艺术公司等著作权纠纷案、腾讯公司与佛山某电器公司著

---

[1] 十二国著作权法翻译组. 十二国著作权法 [M]. 北京：清华大学出版社，2011：576.

[2] 谢乒. 论平面到立体的转换是否属于著作权法上的复制 [J]. 河北工程大学学报，2009（03）.

[3] 郑成思. 知识产权法 [M]. 北京：法律出版社，1997：391.

[4] 李明德，许超. 著作权法 [M]. 2版. 北京：法律出版社，2009：71.

[5] 胡康生. 中华人民共和国著作权法释义 [M]. 北京：法律出版社，2002：46；刘春田. 知识产权法 [M]. 2版. 北京：中国人民大学出版社，2002：72.

作权纠纷案等。在这些案例中，法院一般认为，从二维到三维的"复制"，或者从三维到二维的"复制"，只要不足以阻止作品在线条造型、视觉效果上的"再现"，则仍然构成著作权意义上的"复制"。

三、"3D 打印"应当构成"复制"的理由

从前文陈述的国外立法和国内司法实践看，尽管国内立法尚未明确，但至少在 3D 打印领域，从 3D 打印本身的特点、复制权的内涵以及著作权法体系的一致性上看，都应当将 3D 打印纳入著作权中"复制"的行为模式。

（一）"3D 打印"本身的特点

从打印的过程可以看出，用于 3D 打印的设计图相较于传统的平面打印设计图区别很大。首先，3D 打印设计图实际是数据化的图形语言，其初始的 CAD 三维设计文件可以在电子设备上直接以三维模型的形式出现，因此不同于传统产品设计图二维构图的特点；其次，3D 打印设计图在输入时表现为可以直接被打印设备识别的 STL 文件，而且在数据转化和传输过程中基本"无损化"，换言之，3D 打印设备是"中立"的，在打印过程中忠实地执行指令，将打印设计图的各种以数字信息表示的尺寸、线条、轮廓、走向都巨细无遗地表现为产品的各个非常微小的细节。

不难看出，如果以建筑作品及其设计图做比较，3D 打印无疑在忠实性方面更接近于"复制"。而对于建筑作品，2014 年公布的《中华人民共和国著作权法（修订草案送审稿）》第 5 条第 1 款第（十）中规定，建筑作品"是指以建筑物或者构筑物形式表现的有审美意义的作品，包括作为其施工基础的平面图、设计图、草图和模型"。显然，在这一版草案中，由于作品客体的同一性，按照建筑设计图建造建筑或者按照建筑作品反向绘制建筑设计图，都属于一种复制行为。可以想见，从建筑设计图到建筑物的转化过程中因为材料和技术原因必然存在精度问题，各细节要素无法完全一一对应，这种情形尚且可以被认可为"复制"，那么经由完全没有增损独创性的极其精确的

3D 设备转化的打印产品，如果构成作品，其与 3D 设计图之间，就更有构成复制关系的正当性。更何况，3D 打印技术已经进军到了建筑工程领域。据报道，2014 年，10 幢 3D 打印建筑在上海张江高新青浦园区内被正式交付使用，成为当地动迁工程的办公用房。

（二）"3D 打印"符合"复制"的内涵

一般认为，复制具有三大特征：其一，作品内容的再现性；其二，作品表达形式的重复性；其三，作品复制行为的非创造性。[1] 以下诸条分析。

首先，作品内容的再现与载体形式或者载体性质无关，而 3D 打印可以再现作品内容。作品内容本身是一种非实体的存在，与作品载体是可以互相分离的。例如，著名雕塑《掷铁饼者》，作为作品，不是那个石雕，而是石雕所呈现的运动者的健美体态。3D 设计图中的各种作品元素，在经过打印设备的数据转换后，可以通过各种打印材料完成实体再现，因此符合"作品内容再现"这一特征。正是从这一角度，可以认为 3D 打印设计图与最终的产品（构成作品的产品）之间存在一种"同形同构"的一体关系，共享了一些艺术性的表达元素。

其次，所谓表达形式的重复性，是指产品与设计图之间具有竞争性和相互替代性。从 3D 打印的特点不难知道，由于打印过程实现了数据的精准传输和完美再现，因此从 3D 打印产品可以反向再现设计图。具体而言，使用 3D 扫描仪或其他精确测量的方式，可以获得各种数据后重建数字模型，从而获得相同或近似的 3D 设计图，实现著作权法中的"反向工程"。

最后，作品复制行为的非创造性，是指复制过程没有增加其他版权元素，而只是对原作的简单重复。通过前面的分析我们知道，3D 打印设备是"中立的工具"，在数据转化过程中不会加入任何人力的再行创造，而只是对简单操作命令的忠实执行，因此不会对最后打印的产品附加任何知识增量。因而，同样符合复制的最后一个特征。

---

[1] 吴汉东. 著作权合理使用制度研究 [M]. 北京：中国政法大学出版社，1996：168-169.

(三) 著作权法的体系一致性

所谓的体系一致性，是指同一部法律规范中，对于某一概念或者某一规则的解释，应当在体系内不相互冲突，具有逻辑上的自洽性。通过对现行著作权法中的一些观察，我们不难看出，承认"异形复制"，完全符合著作权法体系上的统一。

首先，《著作权法》第10条第1款第（五）项列出的诸多复制方式中，"翻拍"就是一种典型的"异形复制"方式。例如，室外的某个艺术雕塑被雨水、阳光侵蚀，为了抢救艺术，保护者会用高级摄像设备对其进行全角度的高精度摄影从而留存艺术影像，实为"翻拍"的一种形式，即为从"三维到二维"的复制形式。

其次，《著作权法》第10条规定的复制权是以"印刷、复印、拓印、录音、录像、翻录、翻拍等方式"，而其中的"等方式"显然是兜底表达，是立法者无法预知社会、科技、技术发展对复制方式的影响而做出的抽象规定，是一种典型的立法技术，而3D打印技术正是现代科技颠覆传统复制模式的典型例证。

再次，现行《著作权法》第22条第1款第（十）项规定，对设置或者陈列在室外公共场所的艺术作品进行临摹、绘画、摄影、录像的，构成合理使用。从这一条规定可以反推，如果"对设置或者陈列在室外公共场所的艺术作品进行临摹、绘画、摄影"的行为不构成对他人作品的"复制"或"复制"基础上的"改编"，著作权法完全没必要做出这样的规定，而这种"临摹、绘画、摄影"，正是典型的"异形复制"。[1]

---

[1] 王迁. 著作权法 [M]. 北京：中国人民大学出版社，2015：170；李明德，等.《著作权法》专家建议稿说明 [M]. 北京：法律出版社，2012：258；雷炳德 M. 著作权法 [M]. 张恩民，译. 北京：法律出版社，2004：338.

四、"3D 打印"构成"复制"的判定标准

首先必须明确，并非所有的 3D 打印都能构成著作权意义上的"复制"。3D 打印构成复制的前提条件是：3D 打印设计图和打印出的产品都构成作品。换言之，对于 3D 打印设计图不构成作品或者打印出的产品不构成作品的情形，3D 打印实为"制造"而非"复制"。对于 3D 打印设计图不构成作品的情形而言，已经失去复制的前提，不再赘言。对于 3D 打印设计图本身构成图形作品或者其他形式作品的情形而言，其对应的打印产品存在构成作品和不构成作品两种可能。

如果打印产品本身并不构成作品，那么 3D 打印就不能被认定为著作权意义上的"复制"，因为"版权保护不能延伸到其中的技术性因素"❶。一般的工业设计图本身的图形语言所组成的符号系统并不能在最终的产品实物上得到审美意义上的表现。那些设计图上的标记、线条和尺寸，已经内化为产品意义上的功能和构造，而这种转化过程，并不是美感或艺术的延续，而是技术或者功能的传递。例如，对于开头所提及的椎体重建手术中 3D 打印的椎骨，显然属于实用性很强的医用工业品，因为其价值就在于对人体骨骼的高度仿真，这使得它基本没有作品独创性存在的空间。因此，这种对实用性产品的打印制造行为，"如果不涉及对作品的美学思想或者艺术成分的表述，而只是技术手段的运用，其结果是产出工业产品，则不是从平面到立体的行为"❷。

与之相对，一些艺术设计空间较大（美感和功能可以分离）的 3D 打印工业品可以构成美术作品，从而受到著作权法保护。那么，同样是具有著作权的设计图经过打印设备转化，为什么会有截然不同的结果呢？这是因为，对于实用性工业品的产品设计图而言，虽然其本身构成作品，然而构成作品的原因并非是因为最后打印出的工业品本身有什么美感造型，而是因为设计图

---

❶ 崔国斌. 著作权法原理与案例 [M]. 北京：北京大学出版社，2014：166.
❷ 冯晓青. 著作权法 [M]. 北京：法律出版社，2010：96.

本身由图例、线条、图形等符号语言构成的体现精确、简洁、对称的"科学之美"。[1] 而这种图形设计上的独创性，是无法通过最后的产品承载并体现出来的，因为打印出来的产品很可能是司空见惯、貌不惊人的常见的工业品，而表现"科学之美"的图形语言已经与产品实用功能合为一体、无法分离，从而无法主张。与之相对，对于某些 3D 产品（例如 3D 艺术品）而言，其设计图不但有图形语言构成的"科学之美"，而且承载着最终产品视觉造型上的"艺术之美"，而这种"艺术之美"可以通过忠实执行指令的打印设备无障碍地转化为实体形式，因此实现了可版权元素的"复制"和传递。

---

[1] 王迁. 论著作权法保护工业设计图的界限——以英国《版权法》的变迁为视角 [J]. 知识产权，2013 (1).

浅议侵害服装作品著作权保护

——以上海锦禾防护用品有限公司等诉顾菁等著作权侵权及不正当竞争纠纷案为例

赵俊杰　陈秀媚[*]

一、研讨案例

在司法实践中，我国已经发生了多起侵害服装类作品著作权纠纷案件，例如上海锦禾防护用品有限公司等诉顾菁等著作权及不正当竞争纠纷案、上海发勋帝贺商贸有限公司与广州万想贸易有限公司著作权纠纷案、广州米个服饰有限公司与深圳市欧芮儿服饰有限公司×××案等。前述案例在服装作品、侵权认定等方面具有典型意义，同时也主体现出我国在服装著作权保护方面存在一些不够完善的地方，本文着重介绍"上海锦禾防护用品有限公司等诉顾菁等著作权侵权及不正当竞争纠纷案"。

---

[*] 赵俊杰：广东翰锐律师事务所管理合伙人，国家版权贸易基地（越秀）维权专家委员会常任委员，中国广州仲裁委员会仲裁员，广东省法学会知识产权研究会理事，广东省律师协会竞争与反垄断法律专业委员会与广州市律师协会对外合作与交流工作委员会、版权法律专业委员会委员，广州百名专家律师"暖企行动"法律服务团成员。代理或参与辩护多起典型知识产权类案例。其中，腾讯科技（深圳）公司诉广东某互联网公司知识产权侵权纠纷案入选广州法院十大、佛山法院十二大、最高人民法院典型案例库；中山某公司等侵犯商业秘密罪案，被最高人民法院评为全国最大一宗侵犯经营信息类商业秘密罪案件。赵俊杰律师熟悉京、沪、穗、深等地法律业务，勤勉尽责，对法治事业和知识产权事业稳健发展追求执着，孜孜不倦。

陈秀媚：广东翰锐律师事务所实习律师。实习期间，代理或参与办理大量知识产权、企业顾问等法律事务，在前述领域积累了较为丰富的工作经验。广东翰锐律师事务所2016年度"优秀员工"。

（一）案情简介

原告上海锦禾防护用品有限公司认为，根据著作权法的规定，其对于99112连体防护服的产品设计图以及据设计图制成的样板、样衣享有著作权。经调查发现，2005年5月，被告一上海正帛服装有限公司承接了一批连体工作服加工业务，共780套，原任职于原告处的被告二顾菁代表被告一至被告三上海纪达制衣厂要求使用原告的样板为被告一加工这批服装。被告三是为原告加工劳防服装的企业，未经原告同意，违反与原告所订合同的规定，擅自使用原告的样板为被告一加工了这批服装。原告发现前述情况之后，将三被告诉至上海市浦东新区人民法院。

（二）法院审判

1. 服装设计图以及据其制成的服装样板受著作权法保护

服装设计图作为产品设计图是著作权法明文规定的作品形式，受著作权法保护。

依据服装设计图制成的样板由领、袖、袋、上衣片、腰、裤片等分离的平面图块组成。作为从设计图到成衣的中间环节和必经途径，样板在系争服装的制作、生产过程中发挥着重要作用。样板的制版工作是专业人员根据长期积累的经验和特定规格的要求在设计图的基础上完成的。样板源于设计图，是设计图的表达和演绎，但又不同于设计图。设计图反映了设计人员对服装整体的设计理念，而样板则融入了专业制版师对设计图的理解和认知，体现了制衣企业特定的成衣规格与工艺。制版师在制版过程中往往要通过初级纸样制作、试坯布、修改纸样等多个步骤才能形成最终定型的样板。可以说，样板汇聚了设计人员和专业制版师具有独创性的智力劳动，是专门为工业化生产成衣而制作的图形作品，也应当受到著作权法的保护。

2. 据设计图及样衣制成的服装成品，如果产品中的实用性功能和艺术性美感可以在物理和观念上分离，可以作为实用艺术品受到著作权法的保护

原告服装在体现原告所述美感的同时，不可避免地体现了实用功能。根据原告的陈述，服装的美感与实用功能也是不可分割地交织缠绕在一起的，设计者在作上述具有美感的设计过程中无疑要有功能性考虑，其所谓的美感无法与服装的实用功能相分离而独立存在。系争服装因其美感不能独立存在，其功能性部分应当受到工业产权法调整，故仅系实用品，而不能作为实用艺术品受到著作权法保护。

3. 本案被告按照设计图生产出服装成衣的行为不构成对原告服装设计图的复制

原告认为，加工后的成衣与设计图只是表现形式上的差异，从设计图纸到成衣完成这个过程是从平面到立体的简单复制，故各被告的行为是对原告服装设计图作品从平面到立体的擅自复制，侵害了原告对其服装设计图的著作权。被告二辩称，我国著作权法对产品设计图的保护仅限于保护其不以印制、复印、翻拍等方式被复制使用，对于按照产品设计图及其说明进行施工并生产出产品的，则不属于著作权法保护的范围。

法院认为，我国1991年《著作权法》第52条第2款规定，按照工程设计、产品设计图纸及其说明进行施工、生产工业品，不属于著作权法所称的复制。2001年修订的《著作权法》删除了上述规定。故现行《著作权法》关于复制的含义应当包括对作品从平面到立体的复制。但是，从平面到立体的复制，仅指美学或艺术表述部分的复制。一般的有独创性但不具备美感的设计图，只能作为图形作品予以保护。按照这种一般设计图进行施工或制造产品，不涉及美学或艺术表述的复制，不属于著作权法意义上的复制，本案所涉服装设计图就属于这种情况。故在本案中被告即使按照设计图生产成衣服装也并不构成著作权法意义上的复制。

二、案件评析

（一）涉及著作权侵权案件的管辖出现新规定

根据《最高人民法院关于审理著作权民事纠纷案件适用法律若干问题的解释》第4条的规定，因侵犯著作权行为提起的民事诉讼，由《著作权法》

第46条、第47条所规定侵权行为的实施地、侵权复制品储藏地或者查封扣押地、被告住所地人民法院管辖。

前述案件管辖的确定，就是根据传统的做法去确定管辖。而今年设立的杭州互联网法院，著作权方面的案件受理范围包括互联网著作权权属、侵权纠纷，以及侵害非网络作品信息网络传播权纠纷。

（二）复制的法定概念不易界定，对司法认定著作权侵权带来难度

前述案例中的服装设计图，具有独创性但不具备美感，是作为图形作品予以保护的。按照这种一般设计图进行施工或制造产品，因不涉及美学或艺术表述的复制，即不属于著作权法意义上的复制，本案所涉服装设计图就属于此种情况。故在本案中被告即使按照设计图生产成衣服装也并不构成著作权法意义上的复制。

前述案件表明，服装的款式仅保护涉及美学或艺术表述的部分。假设一个设计师看到了同行设计的款式新颖的衣服，然后批量生产同样款式的衣服，而这种复制行为并不构成侵害他人著作权，并不利于服装行业的健康发展。

现行《著作权法》第10条第5款规定，复制权，即以印刷、复印、拓印、录音、录像、翻录、翻拍等方式将作品制作一份或者多份的权利。这一规定并没有对"复制"做进一步的界定，那么，从平面到平面、从平面到立体、从立体到平面、从立体到立体，是否属于著作权法意义上的复制？对此，实务界莫衷一是，也因此导致既有案例的裁判说理部分基本没有对诸如"被告按照设计图生产服装的行为是否构成著作权法上的复制行为"进行详细论述。

（三）我国司法实践对服装行业的著作权保护存在较大提升空间

现行的《著作权法》及其实施条例，都没有关于服装著作权的相关规定，实践中对于服装著作权的保护有各种模式。

如在胡三三诉裘海索、中国美术馆侵犯著作权纠纷案中，案件争议焦点为对服装作品的属性从法律上予以恰当定位，在该案中一、二审判决对于涉

案作品的属性定位有所不同，而原告胡三三即认为服装作品艺术性的判断标准应由普通的民众判断，也是因为我国法律目前在服装著作权没有完善的立法。

具体来说，在设计的服装时候，一般会有三个阶段，第一个是服装设计构思，服装效果图通常包括人体着装图、设计构思说明、采用面料及简单的财务分析，服装效果图通常也称设计图；第二个阶段是制作样板图，即结构图，上面标有衣服每个部分的详细数据；第三个阶段就是制作服装成衣。在服装制作的过程产生的部分成果，会以美术作品、图形作品、实用艺术品等形式予以保护。但是，在制作服装效果图时，如果设计师并不是在纸上制作效果图，而是直接使用面料制作衣服，且该产品的艺术功能与实用功能在物理及观念上是无法分离的，如果他人按照该衣服，从立体到立体进行复制，设计成果将很难得到著作权法保护；而且根据服装结构图制作成的衣服，因结构图不具有美感，如果他人根据结构图进行平面到立体的复制，设计成果也很难得到著作权法的保护，不利于服装著作权的保护。[1]

（四）改进建议

社会发展日新月异，而立法具有滞后性。通过以上的分析，我们认为服装行业的法律保护仍然需要多元化思路加以解决。就著作权法角度而言，我们建议：第一，对著作权法中"复制权"的规定做进一步界定；第二，服装生产的各个流程均可予以保护，厘清对应的作品类型是关键。

---

[1] 汪振华. 服装款式设计版权保护研究［R］. 武汉：中南大学法学院，2014.

浅谈网络游戏著作权侵权的几点问题

范晓倩[*]

文化创意产业的发展,带来了网络游戏的日益繁荣,使得网络游戏成了泛娱乐产业中最重要的变现力量。与此同时,涉及网络游戏的知识产权侵权案件也逐年增加,其中著作权侵权案件数量最多,占 90% 以上。

网络游戏是内在的计算机软件程序与外在的艺术性设计表达的完美结合,与一般的计算机软件程序相比,网络游戏在外在表达形式上更加具有艺术性。近年来,除了一般的软件程序著作权侵权外,网络游戏著作权侵权法律风险多为外在表达形式,如角色形象、游戏场景、特效音乐、技能属性等游戏元素的著作权侵权案件,大量涉嫌侵犯他人美术作品、文字作品、音乐作品等作品的著作权,这是由游戏作品本身的多元化决定的。

本文从美术作品、文字作品、音乐作品著作权侵权及改编权侵权出发,浅谈网络游戏著作权侵权法律风险及相关司法实践的判定。

一、美术作品著作权侵权

美术设计在网络游戏的竞争力中发挥着越来越重要的作用,游戏行业中美术素材的抄袭也层出不穷。网络游戏中的大部分元素均具备线条和色彩等

---

[*] 范晓倩:北京市盈科(广州)律师事务所专职律师,华南理工大学知识产权法学学士、法学硕士,国家版权贸易基地(越秀)维权专家委员会委员,国家版权贸易基地(越秀)版权经纪会员,上海交通大学知识产权与竞争法研究院首届娱乐法研修。

具有美感的要素，如游戏标识、角色形象、游戏场景、武器装备、装潢服饰、游戏地图等可以作为美术作品进行保护。

《著作权法实施条例》第 4 条中对"美术作品"是这样定义的，"美术作品是指绘画、书法、雕塑等以线条、色彩或者其他方式构成的有审美意义的平面或者立体的造型艺术作品。"我国著作权法对美术作品的独创性并没有规定明确的标准，只要权利人能够证明美术作品系独立创作，具备最低限度的独创性，并暂无证据证明该美术作品属于公有领域的设计，均可以获得著作权法的保护。

（1）游戏标识。在暴雪诉游易《卧龙传说》游戏侵权案中，上海第一中级人民法院认定原告《炉石传说》游戏中的"炉石标识"属于以线条、色彩等构成平面造型艺术，并无证据表明其不属于原告创作或者来源于公有领域，属于著作权法所称之美术作品，应当受到法律保护。

（2）游戏角色形象，特别是主角的形象造型，通常会成为网络游戏侵权案件中的重点之一。网易公司在《梦幻西游》诉《仙语》案件中，要求认定 4 个游戏主角和 11 个 NPC 角色为独创性的美术作品。游戏角色形象的侵权比对，一般会围绕该角色形象的面部、表情、动作、服饰、造型、武器装备展开，以细节的局部比对和整体比对相结合的方案，综合考量是否构成实质性相似。在《我叫 MT》案件中，法院从图案、武器、服饰等多方面比对，认定《我叫 MT》游戏中的"哀木涕"角色造型与被告《超级 MT》中的"小 T"形象不构成实质性相似。

（3）游戏布局和用户界面。相比于一般软件和操作系统，游戏相关布局和用户界面的艺术性更强，但布局和界面是否构成"有限表达"，是其能否作为美术作品保护的重要考量因素。在暴雪诉游易《卧龙传说》游戏侵权案中，原告暴雪公司主张包括"牌店界面""打开扩展包界面""战斗场地界面"等在内的 14 个游戏界面、卡牌牌面设计作为作品进行保护。虽然被告游易×××辩称界面的整体布局属于计算机常用界面、不具备独创性，但审理法院认为以上界面并非仅仅由布局构成，而是由色彩、线条、图案构成的平面造型艺术，暂无证据表明以上界面来源于公有领域的惯常表达，因而认定 14 个游戏界面属于著作权法所称的作品。在游戏界面的著作权侵权判定中，透过《炉石传说》案件可以看出，布局或者构图属于思想范畴，无法获得著作权法的保护，但这并不妨碍界面整个画面构成一幅完整的美术作品。

二、文字作品著作权侵权

近年来热门流行的网络游戏，已经不再是画面和操作方式的简单组合，而是包含着复杂世界观、故事情节、角色安排和多重任务规则的有生命力的作品。特别是 RPG 游戏（角色扮演游戏）和 MMORPG（大型多人在线角色扮演游戏），以及依据知名 IP 改编的游戏，富有独创性的故事情节和安排，它们也是游戏吸引力的重要因素之一。

而这些故事情节和安排在一定条件下可以作为文字作品获得著作权法的保护。游戏名称、角色名称、技能属性名称、武器装备名称、门派名称等，可能因过于简单、创作空间有限，难以独立表达作者的情感和思想而无法构成文字作品，如在《我叫MT》案件中，法院认为主要人物的名称"哀木涕""劣人""呆贼""傻馒""神棍德"并不能表达完整的含义，没有实现文字作品的基本功能，因而无法作为文字作品给予保护。

但角色、技能属性、武器装备、游戏规则和玩法的文字介绍一般具有一定的长度，在具备独创性的情况下可以作为文字作品保护。同时以上素材因富含作者的设定、选取、安排，可以在游戏玩家的多项选择中形成不同的故事呈现，司法实践中将其整体视为网络游戏的故事情节并给予著作权法文字作品的保护。这在《神武》案件和《奇迹MU》案件均有所体现。

网络文学和动漫 IP 大热的市场环境中，不少游戏开发公司为吸引流量，未经许可擅自使用与知名文学作品、动漫作品、游戏作品相同或实质性相似的名称和情节，从而引发侵权诉讼和高额的经济赔偿。

因大量使用与金庸武侠小说相同或近似的人物性格和关系、装备、武功、故事情节，法院认定《全民武侠》游戏构成对金庸武侠小说相关情节的侵权。

在网易公司诉多益公司《神武》游戏侵权案件中，网易公司即要求法院认定其创作的《"梦幻西游"门派技能法术装备特技介绍》享有文字作品著作权。法院认为该《特技介绍》内容完整,描述了整个游戏的武侠社会背景故事,属于著作权法的保护范围。法院认定《神武》端游和手游,除了个别门派和师傅门派的名称不同以外,其他文字部门均与《梦幻西游》文字作品构成实质性相似,因而判定《神武》端游和手游侵犯了网易公司文字作品的复制权和信息网络传播权。

三、音乐作品著作权侵权

游戏研发团队一般热衷于在游戏中添加背景音乐、插曲、音效来表现游戏的不同环节、情节和效果,增强游戏的可玩性和吸引力。

背景音乐和插曲一般能够独立成为音乐作品,受到著作权法的保护,未经许可在游戏中使用他人享有著作权的音乐和插曲是侵权行为。在蓝港在线《新西游记》游戏当中,因未经许可擅自使用86版《西游记》电视剧的《西游记序曲》《猪八戒背媳妇》两首音乐作品作为配乐贯穿游戏始终,且并未为作者署名,因而遭到知名作曲艺术家、86版《西游记》曲作者许镜清的起诉,要求其赔偿经济损失160万元。

在音乐著作权侵权案件中,游戏作品一般参照普通电影作品中对音乐作品的保护办法。

四、改编权侵权

IP大热年代,随着影游联动逐渐成为游戏开发的大方向以来,游戏改编权侵权案件越来越多。

改编作品与抄袭复制作品不同,改编行为一般以原作品为基础,在保留原作品基本表达的前提下通过改变原作品创作出来的新作品。著作权法对改编权及改编行为有两大方面的制约,一是要求"行使改编权时不得侵犯原作者的著作权",二是"改编行为不得歪曲篡改原作品"。

游戏作品侵犯改编权的案件一般分为两大类，一类是游戏开发团队未经许可在游戏中使用知名文学小说、动漫、影视剧的核心元素，如人物名称与性格、故事情节与桥段等；另一类涉及二次改编问题未获得原作者许可的问题。国内游戏改编权侵权第一案——《全民武侠》案就是第一类侵权行为的典型案例，法院经审理认为：《全民武侠》游戏使用了与金庸作品相同或相似的人物性格、故事情节、人物关系、装备、武功，数量较大，超出合理使用范围，构成对涉案金庸小说的改编，其使用行为未经权利人许可，侵犯了畅游公司对涉案作品所享有的独家改编权，应当承担停止侵权、赔偿损失的法律责任。

就二次改编行为而言，一般会涉及原作者的多重授权。如在《鬼吹灯》游戏改编权案件中，原作者天下霸唱将《鬼吹灯》小说著作权转让给玄霆公司，玄霆公司许可城漫公司将小说改编为漫画，游趣公司又与城漫公司签署合同约定以《鬼吹灯》漫画形象为基础开发网络游戏。但在《鬼吹灯》游戏开发完成后，游趣公司遭到了玄霆公司改编权侵权起诉，玄霆公司认为游趣公司侵犯了其享有的《鬼吹灯》游戏改编权。

可以看出，改编权授权一般要受到授权方关于权利范围、授权标的、特定表达方式的制约，同时还要受到原作者对于原作品的权利制约。在《鬼吹灯》游戏改编案件中，根据授权协议，游趣公司仅仅从城漫公司处获得了《鬼吹灯》漫画形象的改编授权，也即游趣公司仅仅有权根据《鬼吹灯》漫画中的人物造型、角色形象、场景设计进行游戏改编，而对于《鬼吹灯》小说独创性的部分（人物关系、故事情节、人物名称、剧情桥段）并不当然享有使用和改编的权利，这部分独创性元素的著作权仍然归属于原作者，仍需获得原作者的许可。而这也是游趣公司被判定侵权的重要原因。

从广州知识产权法院判赔1500万元的《神武》游戏侵权案件，到天河法院判赔1500万元的《仙语》游戏侵权案件；从依据许可费而判赔1600多万元的《武侠Q传》游戏侵权案件，到被海淀工商分局处以2937.03万元罚款的"海贼王"游戏案件，网络游戏侵权案件不仅数量激增，判赔金额也越来越高。游戏行业需要加大力度重视知识产权，在研发游戏过程中避免侵权、合理维权、有序竞争。

动漫产业发展中的著作权价值评估问题

唐珺[*]

  动漫产业被誉为 21 世纪朝阳产业，其对经济发展的贡献率越来越高。2016 年，中国资产评估协会发布《文化企业无形资产评估指导意见》，明确评估文化企业无形资产，应当突出文化企业特点，综合考虑各方面因素。文化部设立国家级动漫原创大奖，单项奖金最高可达 80 万元，奖励内容健康、艺术性强、创新度高、深受群众喜爱的动漫原创产品。政府资金支持还包括投资无偿补助、奖励、转贷和贷款贴息等方式。如以贷款贴息的方式为动漫企业做相应担保，鼓励更多金融机构对动漫企业进行投资。1993 年以后，我国动画市场开放，国家不再限制产量，动漫产业发生了许多变化，产量和从业人员的数量也在不断扩大。从第一部水墨动画《小蝌蚪找妈妈》到最近票房大卖的 3D 动画电影《大圣归来》，我国动漫产业日益蓬勃发展，但因融资模式不清晰，著作权难以质押等难题导致其后继无力，而著作权资产要进行投资、交易的前提与关键是对著作权作品价值进行合理评估。

---

[*] 唐珺：博士，广东金融学院品牌建设与创新战略研究中心主任、法学院副教授，广东省法学会知识产权学会副秘书长，广东省知识产权投融资促进会高级知识产权顾问，国家版权贸易基地（越秀）维权专家委员会委员。

一、著作权及产业链、评估与意义

(一) 著作权的可评估性

著作权是指文学、艺术、科学作品的作者依法对他的作品享有的一系列的专有权。著作权是一种特殊的民事权利。它与工业产权构成知识产权的主要内容。我国《物权法》第223条规定:"债务人或者第三人有权处分的下列权利可以出质:……(五)可以转让的注册商标专用权、专利权、著作权等无形知识产权中的财产权。"我国《担保法》第75条规定:"下列权利可以抵押:……(三)依法可以转让的商标专用权,专利权、著作权中的财产权。"这就赋予了著作权可质押属性,即著作权具有可以作为担保物以质押的方式从债权人那取得融资的属性。根据我国2011年《著作权资产评估指导意见》第2条,"著作权资产,是指权利人所拥有或者控制的,能够持续发挥作用并且预期能带来经济利益的著作权的财产权益和与著作权有关权利的财产权益。"著作权的投资、融资都是以市场运营为基础,延伸到著作权价值收益的整个产业链,其价值评估则是非常重要的环节。

(二) 动漫著作权的价值评估与产业链发展

"动漫"是对作为美术作品的漫画和作为影像作品的动画的统称,动漫作品一般包括动画片、图书和音像制品以及动漫形象的衍生作品三类,因其多样化的表现形式和衍生品形态,具有极为丰富的产业价值。著作权等无形资产是动漫产业最主要的资产形式,著作权融资成为动漫企业融资模式的首选。

1. 动漫的产业链模式

理想的动漫产业链不仅是产品生产链,也是动漫形象及其品牌效应逐步形成和扩散的传播链,同时也是资金投入和逐步回收的价值增值链。国外成熟的动漫产业链主要有以下几种。

美国通过制作动画片和真人电影,实现IP内容的首次变现,并通过票房、录像带等形式收回投资成本,具体流程是:动漫形象—电视—电影—游戏—主题公园度假村—文创产品。例如迪士尼模式是授权，其以高价将虚拟形象授权给生产方，光是授权费已赚足，加之还有后续产品销售额。一件被打上迪士尼形象的服饰售价可以是同类产品的 3~5 倍。

日本采用以漫画为基础、以市场为产业链导向发展产业的模式：漫画—电视—电影—电玩—玩具，众多日本动漫企业都把后期衍生产品作为回收资本的重要手段，会更加重视传播的效率和制作效率。

我国 1995 年推出的《海尔兄弟》，是由青岛海尔集团历时 8 年、斥资 3000 多万元制作的动画片。这部集知识性、娱乐性于一体的《海尔兄弟》，曾荣获了包括"金鹰奖"和"金童奖"在内的多项国家级大奖，推动了中国少儿科技教育事业的发展，赢得了良好的口碑。该动画片共四部 212 集，每集 15 分钟，为企业投资制作最长的动画片。但是，除了《海尔兄弟》相关的音像制品、图书外，并没有发现其他形式的形象衍生产品，海尔集团并未对海尔兄弟形象作其他形式的后产品开发。也许，当时海尔集团制作动漫作品最主要的目的在于宣传自己，属于公关范畴，故而在推出这样一部长篇动漫作品之后，产业链开发的脚步戛然而止，这未免让人遗憾。

2. 动漫著作权价值与产业链发展

一般来说，经济发展到一定阶段和水平，产业层次的著作权价值会呈现不断上升的趋势。出版、影视机构等经营者要对某一动漫作品进行生产、发行，应当获得该作品著作权所有者的授权。一般而言，这一授权分主权利和从属权利两部分。主权利也即主著作权，系著作权所有者授予经营者的首次复制权和发行权。主著作权是动漫作品著作权所有者的基本权利、核心权利，经营者往往需要通过支付著作权税、稿费等形式获得，并借此实现部分的经济和社会效益。从属著作权，则是伴随着动漫作品首次"复制""发行"这一主著作权而衍生的潜在的具有从属性的著作权。

著作权，之所以能以向银行进行融资，根本原因在于著作权本身具有的价值。著作权价值一般体现在三个层次，即产品层次、企业层次和产业层次。产品层次的著作权价值，系著作权产品中凝结的人类创造性劳动，往往通过风格迥异的作品形式表现出来。高品质的作品，说明附加在著作权产品的创造性劳动多、著作权产品价值高。企业层次的著作权价值，系企业在著作权产品经营中形成的企业著作权资产，经营的方式主要是挖掘、整理著作权产品内在价值，通过合理的资产配置整合完成，它通常反映一个创意文化产品企业的整体实力。产业层次的著作权价值，则是整个文化产品产业在其发展运行中，通过自身价值的增值对国民经济增长的贡献。

（三）评估的意义

动漫产业是以知识产权为核心资产的智力密集型产业，需要完善的知识产权法律制度来保护动漫作品的原创成果和产业开发收益。但在我国，任意仿制、随意复制动漫形象的情形时有发生，动漫企业饱受盗版侵权的困扰，致使创作动漫作品的原动力受到重创。动漫产业是一种高成本、高投入、高风险的产业；另一方面，动漫产业属于中长期投资，从投资到回收需要一个相对比较长的周期。由于动漫产业的特殊性，很多投资者都难以对动漫价值做出正确的判断。正确认识和评价动漫价值能够提高投资者的信心和积极性。在司法实践中，由于对这种无形资产的价值缺乏明确的判断，通常侵权方对其侵犯行为只需赔偿有形资产的价格，忽视了这种无形资产的潜在获利能力。通过对动漫价值评估可以为其著作权的法律保护提供依据。因此，评估动漫产品的价值，对保护动漫产品的著作权显示出很强的必要性。

二、动漫作品著作权价值的影响因素

当前我国有些动漫的制作机构相对规模较小，资金不足，从事投资巨大、周期较长的动漫产品生产本来就已经捉襟见肘，而居于垄断地位的播出机构又将播出费用压至极低的状态，致使制作机构一开始就处于亏损边缘，后续的宣传推广难以有效进行。现实中，如何对动漫产品著作权价值进行有效评估开发，是一项十分重要的工作。要对动漫作品著作权价值进行评估，需要对其影响因素进行分析。动漫作品著作权价值的影响因素，除了一般无形资产价值的影响因素外，还有动漫作品著作权特有的影响因素。

(一) 外部环境因素

外部环境包括宏观环境、经济环境、法律环境。当宏观环境宽松，经济发展景气，市场对动漫作品的消费追求与需求则会不断增加，动漫作品的供给价格就会不断攀升；行业发展前景广阔，投资者趋之若鹜，充沛资金资源又会提升作品本身人力资本投入，进而产生更多与时代脉搏一起跳动的优秀作品。我国近些年本土动漫作品的大繁荣印证了这一点。法律环境则是保障动漫作品财产权利的基础。只有相关法律制度健全，实施严格，保护到位，动漫作品的著作权才能得到充分保障。

(二) 经济因素

动漫作品著作权产业的发展与区域经济发展密切相关。根据国际经验，当人均 GDP 超过 3000 美元时，文化消费会呈现持续快速增长态势，接近或者超过 5000 美元时，文化产品消费会成为一种潮流或时尚。我国 2014 年人均 GDP 7485 美元，但文化产品消费并没有呈现预期增长，仅是发达国家的 1/3 水平，随着国家文化产业政策的推进，可以推断未来文化产业产品消费将会迅猛发展。文化产品消费的增加自然会增加文化产品的著作权需求。动漫产品主要在于可以更好地满足消费者在精神与情感方面的需求，因此其消费对外部经济环境的反应相对具有弹性，尤其在经济出现增长缓慢的时期，动漫产品著作权产业也可能出现逆增长。根据武汉动漫协会会长张敏介绍，2015年，武汉市动漫游戏行业总产值接近 50 亿元，新三板上市企业累计达 4 家。2015 年，多部武汉本土动漫作品先后在央视少儿频道、新闻科教频道亮相，《福星八戒之大年小怪》《节庆守护者之年兽出没》等作品都获得大量关注。

(三) 作品与知名因素

在动漫产品著作权价值形成中，作品因素是著作权价值的内因，也是最重要的影响因素。作品因素包括作品类型、作者知名度、作品艺术水准等。不同类型的动漫产品价值影响差别很大，同样的动漫作品，由于其传播方式、创作投入、顾客对象的差异，都会影响到其价值的大小。例如广东原创动力制作的原创动画作品《喜羊羊与灰太狼》系列，由于作品满足了消费人群的情感与个性需求，故深受各年龄段观众的喜爱。❶ 创作企业的知名度本身就是一种无形资产，例如知名企业的创作作品与刚涉足企业相比，作品的人力资本是不能相提并论的。动漫作品的艺术水准，也是形成其价值的重要因素。艺术水准越高，凝结在作品中的人力资本投入越多。

（四）法律因素

我国著作权法实行的是"著作权自动取得"原则，这与世界各国的通行做法相同。著作权因作品创作完成这一法律事实的存在而自然取得，不再需要履行任何手续。作品不论是否发表，一旦创作完成即依法享有著作权。根据《著作权法》第21条规定："法人或者其他组织的作品、著作权（署名权除外）由法人或者其他组织享有的职务作品，其发表权、本法第十条第一款第（五）项至第（十七）项规定的权利的保护期为五十年，截止于作品首次发表后第五十年的12月31日，但作品自创作完成后五十年内未发表的，本法不再保护。"著作权受保护的前提是自己是合法的著作权人。在瞬息万变的动漫商战中，产生纠纷是在所难免的，更何况还有盗版者的伺机侵入。动漫作品著作权人真正担心的不是出现侵权纠纷，而是出现纠纷后没有良好的应对策略。市场中作为著作权人的交易相对方在决定交易前往往要对著作权人的合法身份以及权利来源进行调查，也会要求权利人提供足够的证据。所以对动漫产品进行著作权评估时，法律因素也是影响评估结果的因素之一。

三、动漫企业著作权评估面临的困难

动漫产业是资金密集型、科技密集型和劳动密集型相结合的重要文化产业，具有高成本、高附加值、国际化程度高等特点。一般来讲，动漫产业盈

---

❶ 唐珺. 企业知识产权战略管理［M］. 北京：知识产权出版社，2012.

利主要是以风险性最低的漫画连载为起点探索和检验市场，然后出单行本，获得市场认可以后再制作动画进一步培育和拓展市场，最后由衍生产品的开发实现利润最大化。目前，我国动漫企业著作权融资模式主要是政府扶持，不仅融资渠道狭窄，融资模式也比较落后，筹集的资金也很有限，远远不能满足动漫企业的发展需要。我国的动漫企业以中小企业为主，自身资金实力有限。在企业运营中需要大量融资，不少动漫企业在原创作品立项时没有考虑到后期宣发的成本。举例来说如果一个动漫企业拥有1000万元资金，用900万元投入制作，可能会做出一部非常优秀的作品，但这样一来，后期宣传就很难达到预期效果，导致优秀作品被埋没。

动漫产业在整个经营发展过程中普遍面临资金压力，融资过程中又面临著作权价值评估的系列困境，主要表现在以下几个方面。

（一）著作权价值难以确定

一种商品或劳务的价值主要受其成本大小影响，动漫产品的价值更多体现在其著作权上。著作权作为无形的财产权利，客体是非物质性，其创作的独特性、唯一性、专有性，使商业银行等金融机构很难凭其成本对其价值进行合理评估。著作权之所以难评估就在于其无形资产的属性，因为它实质上是把智力成果作为财产，与传统意义上的厂房、设备、机器等有形资产不同，不能被人的感觉器官直接感知。此外，著作权价值受外部影响因素较大，尤其是受经济、法律、市场以及突发事件等因素影响，往往是这些因素共同作用的结果。银行等金融机构很难鉴别著作权的真实价值，著作权的质押具有较高风险，动漫企业显得尤为突出，这就导致动漫企业普遍面临融资难的问题。❶

（二）著作权的变现能力差

变现能力是指某项资产转换为现金或负债偿还所需之时间。投资者利用

---

❶ 莫超群. 我国版权质押价值评估方法研究［J］. 对外贸易，2014（1）.

变现力来判断企业未来支付现金股利之能力，及未来扩大营业之可能性。在分析变现能力时，要分析的因素为担保物自身特点以及影响可实现价值的其他因素。这些因素包括但不限于担保物的规模和现状、可分割性、通用性或专用性、权属的完整性及可转让性、变现时间长短、变现费用（评估费用、司法费用、管理成本、交易成本等）以及变现对可实现价值的影响等。显然，著作权质押标的变现，不同于机器、厂房、商品等有形资产的变现，商业银行在评估和转让的过程将要花费大量人力物力，处置成本相当高。

（三）著作权质押评估不规范

著作权评估是著作权质押贷款的关键环节，价值评估的准确与否直接关系到企业融资需求和银行等金融机构的贷款安全。为缓解资金困难，动漫企业可以用著作权作保证，通过相关评估后向银行取得贷款，这种著作权融资形式本质是著作权质押贷款，作为没有固定形态的著作权，自身价格与未来经营状况有很大关系，著作权质押贷款无论对银行、企业还是担保公司都是存在相当风险的。最大风险就是贷款企业未来经营风险引起的质押物价值不确定性，当外部因素发生变化时，质押物价值很难评估。我国目前虽然出台了《著作权质权登记办法》，也成立了著作权评估中心，但著作权评估在我国还处在初级阶段，理论和实践还有待完善。

（四）著作权融资模式落后

融资是著作权进入生产、流通和服务领域的先决条件。2007年华谊兄弟的《集结号》是我国银行首次为国产电影著作权作品提供商业贷款，金额达到5000万元。❶ 目前，我国动漫产业著作权融资模式主要是政府扶持，例如2017年北京银行签署了为期5年的《支持北京新闻出版与广播影视产业发展全面战略合作协议》。根据该协议，未来5年内，北京银行将为北京新闻出版广电局统筹管理的文化影视企业提供500亿元的授信额度。在著作权质押融

---

❶ 唐珺. 市场竞争法与创新战略［M］. 北京：知识产权出版社，2017.

资市场中，一般企业很难通过版权抵押取得银行贷款。绝大部分的动漫企业尤其是初创期的企业融资渠道狭窄，缺乏有效的融资模式；极少数动漫企业采取上市融资等方式，不仅融资渠道狭窄，融资模式也比较落后，筹集的资金也很有限，远远不能满足动漫产业的整体发展需要。

（五）侵权与不正当竞争现象频频发生

对知名动漫形象的泛滥性使用，严重影响了该形象在公众心目中的价值，足以使公众心目中独特的知名动漫形象商业价值显著降低，使公众对相同或类似形象所有动漫产品品质均产生不信任感。目前国内动漫产业品牌保护现状不容乐观，恶意抢注、使用等侵权行为频繁发生，使市场消费者真假难辨，极大地挤压了企业的市场份额，导致企业品牌价值及利润的大量流失。相当多的动漫企业自己对于品牌的保护也缺乏高屋建瓴的规划与设计。数据显示，2015年北京的动漫网络游戏产值为455亿元，产值占全国1/3。据不完整统计，2016年上半年，北京仅11家上市企业产值就已经达到200亿元，平均增速为50%~60%。但是在动漫产业快速发展的同时，相关的知识产权纠纷也呈现上升趋势。如2017年6月海淀法院官网通告显示，某公司擅自在网上销售"阿狸"系列美术作品，被阿狸设计公司梦之城起诉，并要求赔偿5万元损失；还有如动漫作品《吃货宇宙》的主要角色形象与动画剧《美食大冒险》形象相似，且主要角色数量完全一致，明显恶意抄袭《美食大冒险》创意；以及福建首例动漫行业不正当竞争案涉及人才流动违背竞业禁止等情况的发生。

四、著作权评估推进动漫企业发展的路径

著作权作为一种无形资产具有非实物性、收益的不确定性等特点，存在着较大风险，实践中难以评估定价，这导致很多动漫著作权企业无法及时获取经营发展所需之资金，成为其发展壮大的一大瓶颈。

（一）完善我国动漫企业著作权评估体系

动漫产业属于著作权产业，目前有关著作权产业对经济发展贡献的价值

评估体系主要有三个，分别是美国、英国、世界知识产权组织（WIPO）制定的，同时，还有一些组织也自发地展开著作权产业经济贡献的研究，并提出了各自的评估体系。整体上看，虽然三个主要评估体系所采用的指标不尽相同，但目的都在于尽可能全面、客观地反映出著作权产业对本国（或特定国）经济发展的贡献水平，以期准确地认识到著作权产业在国民经济中的地位和重要程度，进而对国家产业政策的制定提供可靠的指导意见。

我国的著作权价值评估体系还处在发展阶段，主要表现在缺乏完整的价值评估体系和统一量化标准，不能为著作权产品提供真实有效的价值评估。如何完善我国著作权产业价值评估体系是一项艰巨任务。在发展思路上，质押著作权价值评估中，应从目前关注著作权产品固有价值转变为更加关注著作权产品的变现能力以及蕴藏的风险因素，也就是更加关注文化企业的未来发展前景。在对评估参数进行预测时，要对市场、整个产业以及著作权本身的特点来进行综合调查分析，在对企业经营状况总体把握的基础上合理预测著作权未来可能实现的收益以及面临的风险，在此基础上得出合理的价值评估结果。

对于动漫产业著作权评估模式，在目前没有专门针对动漫产业著作权价值评估的完整、科学的体系状况下，我们可以借鉴国际上一些流行做法。例如，日本在破解著作权评估难题时通常采用"著作权价值融资为辅，动漫企业经济状况为主"的独特模式。这种模式的主要内容就是在中小动漫产业的著作权评估中，不单纯以著作权价值作为唯一的评估标准，而是更多考量企业经营状况、盈利模式和发展前景，对文化产品企业的综合发展潜力作出评估。在实际运行中，它的最大好处是，在动漫企业融资过程中，如果著作权评估出现困难，没有相对的指标确定其价值时，可以依据该企业的经营状况、盈利模式和发展潜力作为银行贷款的价值保证。目前一些中小型动漫企业运营良好、盈利模式先进、发展潜力巨大，往往就是因为现有的著作权评估模式隔断了它们与银行的天然合作，造成企业资金链断裂。

（二）完善我国动漫企业著作权评估方法

对于资产的评估方法，一般有重置成本法、市场比较法、收益现值法三种。这三种方法各有特点。

重置成本法，就是在现实条件下重新购置或建造一个全新状态的评估对象，所需的全部成本减去评估对象的实体性陈旧贬值、功能性陈旧贬值和经济性陈旧贬值后的差额，以其作为评估对象现实价值的一种评估方法。

市场比较法，也称现行市价法或市场价格比较法，是指利用参照物的交易价格，以评估对象的某一或若干基本特征与参照物的同一及若干基本特征直接进行比较，得到两者的基本特征修正系数或基本特征差额，在参照物交易价格的基础上进行修正，从而得到评估对象价值的一类方法。

收益现值法，是通过估算被评估资产经济寿命期内预期收益，并以适当的折现率折算成现值，以此确定委估资产价值的一种评估方法。常用于评估可产生持续收益的物业、企业整体资产及无形资产，在评估无形资产时，多采用收益现值法。

对于有形资产来说，重置成本法原理简单，容易掌握和运用，是资产评估最重要的方法之一，运用成本法评估出来的价值更接近实际。但对于著作权这类无形资产来说，重置成本法无法准确反映出著作权质押的价值所在，因为著作权是自然人的智力活动成果，是一种脑力劳动，不是物化劳动，很难确定其成本，其在无形中逐渐贬值。市场比较法对于著作权进行价值评估，虽然直观，运用灵活，但往往受到一些因素的制约，最关键是著作权市场交易要完善、活跃。收益现值法，由于考虑了时间价值，得到的评估结果真实可靠，但是其参数难以衡量，受评估人员的主观因素影响大。

动漫著作权的评估可采用"H 指数"（h-index）法❶，具体涉及的指标如下：①动漫总数：进行价值评估时，市场上存在的动漫作品总量。②动漫播放次数：就电视台这种播放模式而言，对于动漫企业的动漫来说，它在电视台上被播出的次数越多，说明该企业的动漫作品有着较高的著作权价值。

---

❶ 这是由美国加州大学对地亚太哥分校物理学家乔治·赫希（Jorge E. Hirsch）2005 年提出的一种定量评价科研人员学术成就的方法。一名学者的 h-指数是指他至多有 h 篇论文分别被引用了至少 h 次。一般认为 h-指数能够比较准确地反映一个人的学术成就。一个人的 h-指数越高，表明其论文影响力越大。

③动漫 H 指数：在进行价值评估时，对于市场上该公司的动漫而言，如果有 H 个动漫每天在电视台平均被播放 H 次，而剩下的公司的动漫被播放的次数都少于 H 次，则称该动漫公司的 H 指数为 H。由此，我们可以把 H 指数作为测度动漫××的受欢迎度或者动漫公司著作权价值的代理指标。在具体操作过程中，研究者可以选取国内最具权威性的几家动漫播出频道作为样本，采集连续一周的数据，即播放的动漫及其播放的次数，然后进行分类，把同一家动漫公司的动漫汇总，然后除以天数，进行排序，查出各家公司的 H 指数进行比较，即能在一定程度上反映出其具有的著作权价值。❶

衍生品开发收益是动漫著作权投资收益的重要组成部分。国际上发展成熟的动漫产业链，衍生品开发环节是其中获益最高的一环，收益占比可达 70%～90%。一般来说，动漫著作权投资机会具有一定的可延迟性，当然可延迟程度与市场进入的竞争程度有关。比如 2014 年《熊出没之夺宝熊兵》（以下简称《熊出没》）以首日 3300 万元的票房力压《喜羊羊与灰太狼之飞马奇遇记》成为当年贺岁档最叫座的动画片，若在此之后开发《熊出没》的周边产品，必然比以往拥有更开阔的市场。在评估时还要考虑很多投资项目具有沉没成本和较强的不可逆性，如动漫电影制作、动漫衍生品开发等投资项目，放弃项目时，投资成本大多难以收回。

（三）完善我国动漫企业著作权评估相关制度

我国动漫产业著作权评估相关制度建设还不是很完善，当务之急需要完善以下两项制度：一是完善著作权评估行业管理制度。著作权评估是动漫企业产品流通和升值的重要一环，也是著作权交易、著作权产业发展中的重点和难点。我国目前动漫著作权评估缺乏统一的行业管理，存在的主要问题是评估各自为政，权威性不足，往往是评估结果不被银行认可，给著作权企业融资带来困难。完善著作权评估行业管理制度，可以考虑以国家知识产权局、国家新闻出版广电总局等政府机构统筹协调，扶持与支持评估机构的建立与

---

❶ 黄浩，武蒙. 我国动漫企业无形资产评估指标体系研究 [J]. 时代贸易，2013 (11).

运行。退而求其次的办法是，建立各方面都能够接受的"统分结合"的行政管理体制，由国务院建立著作权评估管理协调配合机制。二是完善著作权登记制度。动漫企业的无形资产，主要是著作权、商标等，完善我国动漫企业著作权登记制度的前提，是在法律层面明确制定著作权登记制度，这有利于确认权利归属，对于著作权交易尤其具有实践意义。目前我国的著作权登记的规定还仅仅体现在国家著作权局发布的相关办法的层面上，由于著作权登记的程序不统一，直接影响到著作权登记相关内容的权威性。

（四）加强动漫产业的知识产权保护

动漫产业链的每个环节上都涉及知识产权，目前我国的动漫产业主要靠著作权法保护，辅之以商标法、专利法分别对注册成商标的动漫角色和申请外观设计的动漫角色给予交叉保护。商标权以典型动漫形象或图形为基础，将动漫作品申请为商标后，则让动漫的识别功能和主动保护功能均大大增强。由于在商标的授权程序中已对其显著性进行了审查，在没有明显相反证据的情况下，对于同类别商品侵权判断比较显见，以商标权寻求行政或司法途径进行维权时受保护的力度相对较大。外观设计专利权为制止不良商家在动漫衍生品上侵权，有的动漫企业将其创作的动漫作品申请为外观设计专利。外观设计专利权被授予后，任何单位或者个人未经权利人许可，都不得为生产经营目的制造、销售、进口其外观设计专利产品。外观设计专利的审查要求相对较低，只需符合新颖性原则即可，无需实质性审查，易获授权，保护力度较大。不进行虚假宣传、防范与拒绝恶性竞争、规范人才管理，都能更好加强动漫产业的知识产权管理。

五、结语

动漫产业是资金密集型、科技密集型、知识密集型和劳动密集型的重要文化产业，对于版权价值评估的研究，更多应该放在商业开发价值层面的界定，包括交易、投融资、侵权索赔等相关的经济活动。动漫是一种高成本、高投入、高风险的产业，又属于中长期投资，从投资到回收需要一个相对比较长的周期，且由于动漫产业的特殊性，很多投资者都难以对动漫价值作出正确的判断。特别是对于我国动漫产业最薄弱的"上游"和"下游"，即前期如何找投资、如何创造有价值的形象、如何讲故事，后期如何发行、授权快速变现。因此，只有正确认识和评价动漫价值，才能够提高投资者与交易相对方的信心和积极性。形成常态化和定时定点相结合的著作权交易市场机制，有利于促进著作权保护成果的广泛运用。

与改编权相关的法律问题分析

——尹芳林与华文出版社侵害著作权纠纷案[*]

崔玲[**]

一、基本案情

（一）原被告诉称

一审原告尹芳林诉称：其于2004年11月受托独立创作完成《古国的故事》这一作品，该作品于2005年出版发行。2009年6月，尹芳林发现被告华文出版社在网络和全国各大书店销售其创作完成的作品，书名改成《消失的古国》，且书中内容擅自添加了"吴哥"一篇。华文出版社未经其同意，擅自修改作品，侵害了其作品修改权、保护作品完整权、获得相应报酬权等著作权，请求判令华文出版社停止侵权、公开赔礼道歉、赔偿经济损失28000元。

一审被告华文出版社在一审中辩称：涉案作品是尹芳林受人文故事系列丛书编辑委员会（简称"人文故事编委会"）委托创作的作品。2009年1月人文故事编委会将稿件增加吴哥一篇后交给华文出版社出版，华文出版社并没有对此书进行任何的修改和编辑。根据委托创作协议的约定，尹芳林不享有署名权之外的其他著作权；出版社已经为尹芳林署名，合法有效；虽然该书中添加了"吴哥"一篇，但并未破坏原作品的完整性，所以不存在侵权。

---

[*] 见北京市宣武区人民法院（2009）宣民初字第9650号民事判决书，北京市第一中级人民法院（2010）一中民终字第8831号判决书。

[**] 崔玲：知识产权出版社编辑。

综上，华文出版社不同意尹芳林的所有诉讼请求。在二审上诉中称：第一，虽然尹芳林与人文故事编委会签订的协议中未明确约定人文故事编委会享有涉案作品的修改权，但按照合同目的可知，合同中第7条规定的改编权应被理解为包括修改权。鉴于人文故事编委会将其对涉案作品的著作权均转让给华文出版社，故华文出版社亦相应的享有涉案作品的修改权及改编权。第二，鉴于华文出版社已取得涉案作品的改编权，故其对作品进行修改已取得作者的许可，不会造成对保护作品完整权的侵害。同时，涉案作品中所增加的内容亦不会造成对于涉案作品歪曲篡改，故未构成对于保护作品完整权的侵害。

（二）法院审理查明

一审法院经审理查明：2004年4月30日，尹芳林作为乙方与甲方人文故事编委会签订协议，约定尹芳林于2004年11月受托独立创作完成作品《古国的故事》，协议中对于涉案作品的著作权归属有如下约定，"七、甲方享有本约作品文字稿出版权和代理权（包括中外文、电子版权以及改编权），乙方享有本约作品署名权。八、本约作品经甲方审查合格后，因不可逆原因未能出版，甲方应给予乙方相当于稿酬30%的费用（含预付费）作为补偿，甲方仍享有本协议著作稿的版权和代理出版权。如两年内经甲方审查通过后的本约作品仍未出版，乙方可以收回版权。"2005年7月，光明日报出版社出版发行署名为尹芳林编著的作品《古国的故事》，尹芳林如约获得了人文故事编委会支付的稿酬6000元。2009年5月，华文出版社出版、发行署名为尹芳林编著的作品《消失的古国》，该书共出版3000册。经比对，《古国的故事》目录"埃及"一章中的小标题"辉煌时代的拉美西斯二世"在《消失的古国》一书中更改为"辉煌时代的拉美西斯大帝"；《消失的古国》"楼兰"一章中添加了"趣看汉字历史"一页，页码为第106页；《消失的古国》中添加了"吴哥"一章，页码范围从107页至138页。

在一审法院查明的基础上，二审法院还查明：涉案作品《古国的故事》系对七个古国的介绍，作品中记录了七个古国产生、发展和消亡的历史，展现了其灿烂辉煌的文化和成就，描写了它们的历史人物，书中采用了文字、图形和版式设计相结合的表现方式。《消失的古国》中增加了"吴哥"一章，该章亦是对于吴哥这一古国的介绍，包括对其历史、文化、人物等的介绍，其亦采用的是文字、图形和版式设计相结合的表现方式。

(三) 判决结果

一审：第一，华文出版社立即停止出版、发行涉案图书《消失的古国》；第二，华文出版社在《人民日报》上就涉案侵权行为刊登道歉声明一次；第三，华文出版社赔偿尹芳林二万元及合理支出五千元；第四，驳回尹芳林的其他诉讼请求。

二审：维持一审法院判决结果第一、第二项；撤销第三项；华文出版社于本判决生效之日起七日内赔偿尹芳林合理支出五千元；驳回尹芳林的其他诉讼请求。

二、裁判理由

二审法院认为：（1）虽然华文出版社社出版的《消失的古国》中增加了"吴哥"一章，且该部分并非由尹芳林所写，但从该章中所载内容及表达形式上看，华文出版社对涉案作品所要表达的思想感情并未进行歪曲、篡改，并未实质性地改变尹芳林在涉案作品中要表达的思想感情，因此亦未造成对被华文出版社声誉的损害。同理，在《消失的古国》一书中将涉案作品"埃及"一章中的小标题"辉煌时代的拉美西斯二世"更改为"辉煌时代的拉美西斯大帝"，以及在《消失的古国》"楼兰"一章中添加了"趣看汉字历史"一页，均未实质性地改变被华文出版社在涉案作品中要表达的思想感情，亦未因此造成对被华文出版社声誉的损害。鉴于此，《消失的古国》并未构成对涉案作品著作权中保护作品完整权的侵害。（2）尹芳林作为乙方与甲方人文故事编委会所签订的协议第7条约定："甲方享有本约作品文字稿出版权和代理权（包括中外文、电子版权以及改编权），乙方享有本约作品署名权"。虽然上述约定中有"版权"字样，但鉴于该文字系出现在括号中，故应认为系对前文的出版权的进一步限定，而不能将该"版权"理解为包括著作权中的全部权项。同理，对于该条款中所涉及的"改编权"，亦应理解为甲方人文故事编委会有权利以出版为目的对涉案作品进行改编。本案中，人文故事编委会享有涉案作品的改编权，且对该改编权系为出版目的进行的改编，但华文出版社既未举证证明其出版的《消失的古国》系来源于人文故事编委会，亦未证明其已从人文故事编委会处获得改编权的授权，故《消失的古国》中所做的相应修改属于未经尹芳林许可对涉案作品进行修改的行为，构成对于尹芳林享有的修改权的侵害。(3) 鉴于华文出版社出版的《消失的古国》仅构成对于尹芳林修改权这一精神权利的侵害，该行为不会对尹芳林造成经济损失，因此，对其经济损失要求不予支持。对于尹芳林因本案而支出的合理费用，应予赔偿。

三、案例解析

我国《著作权法》第10条规定了著作权人的17项权能，其中第1~4项是精神权利（署名权、修改权、发表权、保护作品完整权），第5~17项为财产性权利。本案主要涉及著作权的三项权能：修改权、改编权、保护作品完整权，下文进行对比分析。

（一）改编权与修改权

我国现行《著作权法》第10条第1款第（十四）项规定："改编权，即改变作品，创作出具有独创性的新作品的权利"。即改编权是一种演绎权，是在不改变作品的基本内容的情况下将作品由一种类型改变成另一种类型，或者不改变作品的原来类型而改写作品。其特点是作品内容基本不变而只是表现形式上的变化，如将小说改编成剧本，将科学专著改写成科学普及物等。❶ 根据二分法，著作权法不保护思想，保护的是表达。从本质上，改编权改编的是表达。改编权的核心含义有三层：改编作品未改变原作品的基本内容；改编作品仅仅是原作品另一种形式的创造性地再现；改编作品的表现形式可

---

❶ 刘春茂. 中国民法学. 知识产权 [M]. 北京：中国人民公安大学出版社，1997：143.

以与原作品不同，如从文字作品到电影作品、戏剧作品，也可以与原作品的表现形式相同，如郑成思教授曾指出："从剧本改到剧本也是改编。表现形式就是我用的而语言和你不一样了，我的情节、人物有所改变了"❶。依照《中华人民共和国著作权法释义》一书：创造性地再现包括将作品扩写、缩写或者改写，虽未改变作品类型，只要创作出具有独创性的作品，也可以认为是改编。该案中，无论是《古国的故事》，还是《消失的古国》，二者都是文字作品，二者的表现形式是一致的，而且，《消失的古国》基本未改变《古国的故事》的内容和文字表述，因此，不涉及侵害改编权的问题。在司法实践中，涉及改编权纠纷的多是由文字作品改为影视作品或者游戏作品，对原作品进行改编的既包括典型的人物形象，也包括故事情节。如在温瑞安与北京玩蟹科技有限公司侵害作品改编权纠纷案中，一审法院认为：玩蟹公司开发经营的《大掌门》游戏，通过游戏界面信息、卡牌人物特征、文字介绍和人物关系，表现了温瑞安"四大名捕"系列小说人物的形象，是以卡牌类网络游戏的方式表达了温瑞安小说中的独创性武侠人物，属于对温瑞安作品中独创性人物表达的改编，侵害了温瑞安对其作品所享有的改编权。❷ 在琼瑶诉于正著作权侵权案中，法院认为，余正新作品《宫锁连城》剧本实质性使用了原告剧本及小说《梅花烙》的人物设置、人物关系、具有较强独创性的情节以及故事情节的串联整体进行改编，侵害了琼瑶基于剧本《梅花烙》及小说《梅花烙》享有的改编权。

　　本案中，华文出版社上诉称：协议第 7 条规定的改编权应被理解为包括修改权。抛开具体案情，这一说法有待商榷。虽然同为著作权的权能，但修改权与改编权的权利内容大不相同。我国现行《著作权法》第 10 条第 1 款第（三）项规定："修改权，即修改或者授权他人修改作品的权利"。修改权是指作者享有变更作品部分内容的权利，修改以保持作品的基本内容和性质不变为限度，如修改的结果使原作品面目全非，即属于重新创作，产生出新的作品。❸ 在作品完成后，随着时间变迁及作者思想的转变，作者有权对其作品

---

❶ 杨德嘉. 与改编权相关的法律问题分析 [J]. 中国版权，2017（12）：1.
❷ 北京市海淀区人民法院（2015）海民（知）初字第 32202 号民事判决书。
❸ 刘春茂. 中国民法学. 知识产权 [M]. 北京：中国人民公安大学出版社，1997：127.

进行相应的修改。不仅如此，作者也可授权他人修改自己的作品，还可禁止他人未经许可修改自己的作品。综合起来，改编权与修改权的区别在于：第一，改编权是财产性权利，可以让与；而修改权属于精神权利，可以授权他人行使，但不能转让；第二，修改权只是对原作品的部分内容进行修改，包括对作品的文字进行增删、润色，但并未改变作品的类型和表现形式；而改编权是经过他人的创造性劳动后，在原作品基础上形成了新的作品，新作品可以改变原作品的表现形式。第三，依照我国相关法律规定，修改权的保护不受期限限制，而改编权的保护期限为作者有生之年以及死后第50年的12月21日；第四，权利行使的限制不同，改编权的行使必须征得原作品著作权人的同意；而修改权原则上可以由著作权人随时行使，但在出版实践中，作者与出版社签订出版合同、图书出版后，作者在征得出版社同意后（一般同时承担损失赔偿责任），才可要求出版社对已经出版的作品按照作者意愿进行修改。而且，依照我国《著作权法》规定，未经作者同意，报社、期刊社可以对作品做文自行修改、删节；但对内容的修改，应当经作者同意。

（二）改编权与保护作品完整权

改编作为一种对作品进行演绎的重要方式之一，创作了新的作品。改编权的设立，一方面在于著作权人自行改编其作品获得财产利益；另一方面在于通过对他人未经作者许可对作品进行改变的控制，保护著作权人对其演绎作品所享有的可预见性财产利益。

保护作品完整权是精神权利。保护作品完整权的立法目的在于维护作品的完整性（纯正性），重在维护作者已经定型的表达❶，以及体现在作品中的作者人格利益。我国现行《著作权法》第10条第1款第（四）项规定："保护作品完整权，即保护作品不受歪曲、篡改的权利"。至于如何界定歪曲、篡改，我国《著作权法》及其实施条例、著作权相关司法解释等都没有明确规定。有学者建议，《伯尔尼公约》第6条之二对于歪曲篡改行为所附设的"有

---

❶ 李扬. 改编权的保护范围与侵权认定问题：一种二元解释方法的适用性阐释 [J]. 比较法研究，2018（1）：1.

损声誉"的限定，可以成为司法实践中援引的依据。

法院在判断侵害保护作品完整权时存在两种不同的标准。一种做法是主观标准，即只要违背作者意思对作品进行了改变，不管客观上是否损害了作者声誉，即构成侵害保护作品完整权。该做法将作者的原意作为是否侵害保护作品完整权的标准，基于1000个读者心里有1000个哈姆雷特，读者（或司法机关）对作者原意的判断主观性较强，很难有统一标准。另一种做法是客观标准，认为只有对作品的"歪曲、篡改"客观上损害了作者声誉时才有可能侵害保护作品完整权。该做法与《伯尔尼公约》的规定相符。也与德国、加拿大的著作权法规定相符。德国著作权法第14条规定："对作品的歪曲或其他损害，足以危及作者在作品的智力或人格方面的合法利益的，作者有权予以禁止。"根据《加拿大版权法》第28.2（1）条规定，"歪曲、割裂或者以其他方式改动作品或者表演"，致使作者或者表演者的名誉或者声誉受到损害的，构成对作者的保持作品完整权或者表演者的保持表演完整权的侵害。在尹芳林与华文出版社侵害著作权纠纷案中，一审法院和二审法院就是采取了不同的判定标准。一审法院采取的是主观标准：华文出版社出版在消失的古国中增加的"吴哥"一篇占原作品的文字数量比例较大，达到篡改作者创作思想和作品表现内容的程度，故华文出版社的行为侵害了尹芳林的保护作品完整权。二审法院采用的是客观标准：华文出版社对涉案作品所要表达的思想感情并未进行歪曲、篡改，并未实质性地改变尹芳林在涉案作品中要表达的思想感情，因此，不构成侵害作品完整权。笔者赞同二审判决，保护作品完整权的直接目的在于保护作品不受歪曲、篡改，根本目的在于保护作品的纯洁性以及作者人格的完整性。

目前，由网络小说改编成电影、电视剧而引发的著作权纠纷不断，其中涉及的改编权、保护作品完整权等相关问题引起了业内的广泛关注。我国《著作权法实施条例》第10条规定："著作权人许可他人将其作品摄制成电影作品和以类似摄制电影的方法创作的作品的，视为已同意对其作品进行必要的改动，但是这种改动不得歪曲篡改原作品。"有人将该条解读为：改编作品（电影作品、类电作品）需要尊重、忠实原作品，不违背原作品所表达出来的主题思想和精神实质；对原作品有歪曲、篡改行为的，将涉及保护作品完整权问题。也有业内人士提出不同意见：保护作品完整权的适用范围是很局限的，就是限于既有的形式或载体而言；而一旦涉及了其他的表达形式或载体，其中对原作者所牵涉的就只有改编权（财产权）的问题。❶ 笔者认为：在将文字作品改编为电影作品或类电作品时，对改编的程度和范围的认定，合同有明确约定的，应该依照合同约定，同时作者应对改编者有较高的容忍度，在达到德国著作权法中"足以危及作者在作品的智力或人格方面的合法利益的"，才构成侵害保护作品完整权；合同没有明确约定的，即改编者未得到作者授权的，应采用严格的判定标准，即改编作品只要违背了作者意思，就可以判定构成侵害保护作品完整权。

不同的判决标准必然会做出不同的利益划分。在当今社会，发展瞬息万变，而法律规定具有滞后性。在法律没有明确规定的前提下，个案的判决，不仅仅是对双方当事人的利益进行划分，还可能对一个行业的发展起着决定性作用，甚至对社会公众利益有重大影响。最高人民法院知识产权庭副庭长林广海2018年年初在讲话中表示：司法审判需要谨慎兼顾知识产权的权利人与社会公众之间的利益平衡，避免失衡。在天下霸唱诉《九层妖塔》电影侵害著作权案中，法院在判决书中认为：从文字作品到电影作品，改编者需要从空间上创造一个新的艺术作品，因此不能简单依据电影"是否违背作者在原著中表达的原意"这一标准进行判断，也不能根据电影"对原著是否改动、改动多少"进行判断，而是注重从客观效果上进行分析，即要看改编后的电影作品是否损害了原著作者的声誉。由于社会评论所产生的后果虽然可能影响电影《九层妖塔》的声誉，但并未导致对小说《精绝古城》和天下霸唱的社会评价的降低，因此，不侵犯保护作品完整权。在我国《著作权法》对改编权与保护作品完整权的具体权能以及两种权利之间的界限缺乏明确规定的情况下，本案判决从某种程度上确立了在文字作品改编为影视作品中，改编权和保护作品完整权的界限。

---

❶ 改编作品有可能侵犯原作者的保护作品完整权吗？[EB/OL]．[2016-07-03]［2018-02-2］http://blog.sina.com.cn/s/blog_53999ad30102wmyy.html.

后　　记

　　国家版权贸易基地（越秀）是 2014 年 2 月 17 日由国家版权局批准设立的华南地区唯一国家级版权贸易基地。

　　国家版权贸易基地（越秀）自成立以来，其运营机构广州市华南版权贸易股份有限公司一直秉承"保护促进交易，交易呈现价值"的建设理念，积极整合集调解、仲裁、行政执法、司法保护四方维权调解资源，打造四位一体化维权保障体系。同时，还首创了"版权维权专家委员会"和"版权经纪人体系"两大体系，为版权交易保驾护航。为加大版权知识的普及力度，提升公众对版权保护的意识，国家版权贸易基地（越秀）面向多个园区、高校、社会团体以及公众举办了一系列的版权普及课程和公益讲座，在版权的推广应用及维权保护方面取得良好成效。因此，为进一步拓展知识产权工作者的视野，提供理论与实践相结合的指导依据，加深公众在版权侵权预防、版权侵权维权等方面的认识，国家版权贸易基地（越秀）运营机构广州市华南版权贸易股份有限公司组织基地维权专家委员会专家及多位知识产权领域专业人士、律师、学者对版权维权理论、版权侵权预防、版权维权途径等方面结合时代新趋势进行分析，并结集出版本书。

　　再次感谢国家版权局版权管理司司长于慈珂、广东省新闻出版广电局（广东省版权局）副局长陈春怀、广州市文化广电新闻出版局（广州市版权局）副局长任天华对基地的关心和指导，并为本书作序。感谢中南财经政法大学原校长、国家版权贸易基地（越秀）维权专家委员会名誉主任吴汉东教授为本书编写开篇之作，感谢国家版权贸易基地（越秀）管委会领导的大力支持，感谢在本书中出谋献策，发表独到、前瞻、实用见解的基地维权专家委员会维权专家及多位知识产权领域专业人士、律师、学者。此外，本书也得到了知识产权出版社的大力支持，在出版设计、文章校审以及统稿等方面做了大量的指导工作，本书主编武东兴，编委赵俊杰、崔玲、邵挺杰、彭颖诗、谢嘉欣等同志一直辛勤付出，为本书的编撰和出版做了很大贡献，在此一并感谢！

  本书的出版是国家版权贸易基地（越秀）在版权维权研究方面的阶段性成果，入选文章仅代表各文作者自身观点，我们欢迎社会各界人士对版权领域的理论和实务问题展开热烈讨论。但由于时间紧迫，书中难免存在疏漏和不足之处，恳请专家、读者指正。

国家版权贸易基地（越秀）
广州市华南版权贸易股份有限公司
2018 年 3 月